ベクションとは何だ!?

妹尾武治 [著]

コーディネーター 鈴木宏昭

KYORITSU Smart Selection

共立スマートセレクション
16

共立出版

まえがき

　皆さんはベクション（Vection）を知っているだろうか？　ベクトルではなく，ベクションである．恐らく日本人の9割は，ベクションを知らないだろう．しかし，同じく日本人の9割以上が，日常のどこかの場面で，このベクションを体験したことがあるはずである．

　ベクションとは，実際には自分は動いていないのに，自分の体が動いていると感じる錯覚のことである．後に詳細に説明するが，停車中の電車に座って，向かいのホームに停車していた電車が動き始めると，「あれ！　自分の乗っている電車が動いた！？」と感じるあの感覚がベクションだ．ビックリハウスと呼ばれる回転する家に入った経験はないだろうか？　車に乗っていて，交差点で停車中，信号が青に変わって隣に止まっていた大型トラックが先に前進すると，自分の車が下がったかのように感じた経験はないだろうか？　あれらがベクションだ．ディズニーランドのスター・ツアーズというアトラクションや，ユニバーサル・スタジオ・ジャパンのスパイダーマンのアトラクションを体験された方は，そのときの体験を思い出してほしい．それらはすばらしいベクション体験だ．

　ベクションの正確な定義を，日本バーチャルリアリティ学会（通称，VR学会）の用語集の定義から拝借すると，「静止している観察者に視覚的運動が与えられたとき，観察者自身が運動しているように知覚される現象」（日本VR学会監修　VR用語辞典，http://glossary-vrsj.ime.cmc.osaka-u.ac.jp/modules/wordbook/search.php，2016年1月13日確認)となっている(VR学会という組織が存在することにも驚かれたかもしれないが，ベクションはVR学会において重要な研究テーマになっている)．

　ベクションとは，止まっている身体に視覚刺激を与えることで，自分が動いているかのように感じる現象のことなのだ．「それならば知っている」という声が聞こえてきそうである．実際に，現在の日本では先に短く例示したように，さまざまな場所でベクションを体験することができる．

　本書は，このベクションについてこれでもかというほど多くの情報を盛り込んでみた．この一冊で，多角的にベクションを学ぶことができるように腐心したつもりである．世界中を探しても，ここまでベクションに特化した一冊はない．あまりにもニッチな心の現象であるベクションについて，徹底的に知るための驚くほどニッチな本なのだ．しかしながら，読後には決してニッチであったとは思えない幅の広い知識，知覚心理学の本質について学べているはずである．

　さあ，一緒にベクションの旅に出よう．

2017年5月

妹尾武治

目 次

まえがき …………………………………………………………… iii

① ベクションと自己移動感覚 ………………………………… 1
    1.1 自己移動感覚とは何か　1
    1.2 前庭系と加速度知覚　1
    1.3 視覚とベクション　4
    1.4 その他の自己移動感覚と自己移動感覚の統合　8
    1.5 なぜベクションは起こるのか？　12

② 巷にあふれるベクション …………………………………… 14
    2.1 ベクションのさまざまな用いられ方　14
    2.2 アニメーション中のベクション・シーンについての研究　18

③ ベクションの位置づけ ……………………………………… 23
    3.1 科学界におけるベクションの位置づけ　23
    3.2 世間一般におけるベクションの位置づけベクションについての一般人の認知度（理解度）　26

④ ベクションの3指標 ………………………………………… 34
    4.1 ベクションの測定法　34
    4.2 3指標の関係と数理モデル　37

⑤ ベクションの旅　　　　　　　　　　　　　　　　　　42

⑥ ベクションの研究史 ………………………………………… 48
    6.1 視野の位置と大きさについての研究　49

6.2　奥行き関係についての研究　51
　　6.3　運動刺激の特性に関する研究　54
　　6.4　刺激の色について　55
　　6.5　ベクションにおける図と地仮説　56
　　6.6　多種多様なベクション刺激を動画配信する試み　59

⑦　ベクションとは何だ？　—再考—　…………………………　62
　　7.1　ベクションの脳科学研究　62
　　7.2　なぜベクションは起こるのか？　—再考—　65
　　7.3　ベクションを用いて，心のメカニズムに迫る　67

⑧　VR 研究とベクション　………………………………………　72
　　8.1　バーチャル・スイミング　72
　　8.2　没入できるベクション・コンテンツ　75
　　8.3　バーチャル地震　78
　　8.4　SR を用いた追加実験　81
　　8.5　被験者の一般没入傾向とベクションの感じ方　85
　　8.6　VR とベクションのまとめ　87

付録　ベクション動画の作り方講座！　………………………………　89

引用文献　……………………………………………………………………　95

おわりに　……………………………………………………………………　106

ベクションが描き出す新しい人間像
（コーディネーター　鈴木宏昭）……………………………………　110

索　引　………………………………………………………………………　116

①

ベクションと自己移動感覚

1.1 自己移動感覚とは何か

　自分が歩いているときや車に乗って移動しているとき，われわれは自分が動いているという感覚，すなわち自己移動感覚を覚える．この自己移動感は多くの単一の感覚器官による知覚ではなく，複数の感覚器官からもたらされる複合的な感覚であると考えられると，J.J. ギブソンが 1966 年 [1] に提唱している．具体的には，自己運動を直接検出することができる前庭器官のほかに，視覚，聴覚，体性感覚に関する各感覚器官，さらには認知的要因までもが自己移動感に関する情報を脳に送り，それらの情報は，脳の中で調和的に統合されている（図 1.1 参照）．

1.2 前庭系と加速度知覚

　平衡感覚の検出器官としても知られる前庭器官は自己運動の知覚に重要な役割を果たしている．耳の奥，内耳の中の前庭と呼ばれる

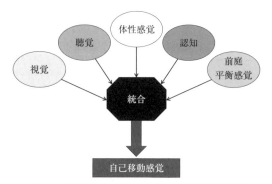

図 1.1　多感覚によって支えられている自己移動感覚

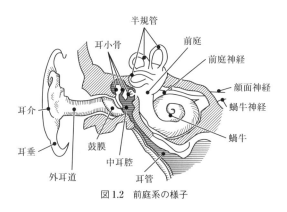

図 1.2　前庭系の様子

領域には，三半規管と耳石器が存在し，これらはそれぞれ頭部の回転運動と直線運動の加速度を検知している（図 1.2）．

　三半規管はその名のとおり，水平半規管，前半規管，後半規管という3つの半円形の管（半規管）からなる器官で，それらがほぼ直交するように配置されている．各半規管が別方向の回転を検出することで，頭部の3軸周りの回転加速度を検出することができる．各半規管の中は，内リンパ液が満たされており，その液体の流れを感

知するための有毛細胞がある．頭部の回転運動が起こると，頭部に固定されている有毛細胞は頭部と共に動くが，流体である内リンパ液は慣性によりそのまま留まろうとするため，有毛細胞と内リンパ液の相対的な速度差により有毛細胞の毛状の部分が刺激され頭部運動が検出される．しかし，回転速度が一定であり続けると，内リンパ液も徐々に回転するため有毛細胞との相対的な運動がなくなり，回転の検出ができなくなってしまう．三半規管は回転運動そのものを検出するわけではなく，あくまでも回転加速度を検出する器官であることに注意が必要である．

　一方の耳石器は直線加速度を検出している．こちらも内リンパ液で満たされた袋状の器官であり，有毛細胞のほかに平衡石と呼ばれる小さな石が存在する．頭部に直線加速度がかかると，平衡石が慣性により取り残され，有毛細胞が刺激されることで直線加速度を検出している．直線加速度と重力加速度は等価なので，平衡感覚のための情報も同様に検出可能である．上下，左右，前後の3つの方向の直線運動に反応できるが，こちらも一定の速度での直線運動が続くと，その（等速直線）運動に対しては反応を示さなくなってしまう．つまり，あくまでも加速度の検出器なのだ．

　このように，前庭系は加速度に対する反応のシステムであり，定常的な運動は検出できない．この欠けた部分は，後述する視覚系やその他の感覚器官が検出することで補い，それらの情報を統合する作業が行われている．

　前庭系が他の感覚器官と連携して自己移動感に大きく貢献していることを示唆する一例として，この前庭器官に問題が生じると，身体動揺や眼球運動に異常が生じることが知られている．有名なものはメニエール病と呼ばれるものである．この病の患者は，強いめまいを不意に感じることを報告する．前庭系の異常により平衡感覚

（すなわち加速度感覚）を誤検出することで自己姿勢や自己運動を正しく制御できなくなるのである．

そのほかにも，外耳道（耳の穴）に冷水を流し込むことで，前庭系器官を強制的に働かせることができる．これによって，一時的な回転感覚などの自己移動感が引き起こせることが知られている．この方法は医療目的で行われるが，これを心理実験で用いることは，近年の実験倫理意識の高まりから，あまり行われていない．前庭系は内臓感覚とも結びついており，過度に刺激すると一時的ではあるが，めまいや吐き気をきわめて強く引き起こしてしまうため，心理学実験で一般的な方法論である繰り返しの試行を想定する実験を行うことには困難が伴う．そのため，医学系に比べ，心理実験系からのアプローチでは，この方法はあまり採用されていない．

それでも近年では，直流前庭刺激（Galvanic Vestibular Stimulation；GVS）という方法で前庭系器官をより安全で簡便に刺激する方法が考案されている．この方法では，両側の乳様突起（耳の下の出っ張った部分）に電極を貼付し，微弱な直流電気を前庭系に流す．これによって，回転感覚や，直進・後退などの移動感覚を被験者に感じさせることができる．しかし，この方法も安全ではあるが，やはりめまいや吐き気を引き起こす可能性が排除できず，実験倫理面で完全に問題がないわけではない．

1.3 視覚とベクション

加速度しか検出できない前庭系の代わりに，定常的な運動の知覚に重要な役割を果たしているのが視覚系である．自己運動を行うと，網膜に映る光学像は視野全域にわたって一様で規則的な変化の運動を見せる．たとえば，観測者が右に移動すれば網膜上のすべてのものは左に移動するように映るし，前進運動を行えばすべてのも

図 1.3 オプティカルフローのイメージ図

のが放射状に広がる．このような視野広域にわたる一様な視覚運動をオプティカルフロー（Optical Flow）と呼ぶ（図 1.3）．視覚系はこのオプティカルフローから自分の運動を逆算することで，自己運動を知覚している．このオプティカルフローによる自己移動感覚こそが，他の感覚を含めても，最も効果的に自己移動感覚を生み出す最大の情報源である．

オプティカルフローが自己移動知覚を強力に誘導している証拠がベクションである．静止している観察者にオプティカルフローを提示すると錯覚的な自己移動感覚が生じるのである．

日常生活の中でもこのような経験をすることがある．たとえば，坂道で停車中に，隣の車が発進すると，自分の車が下がっていると錯覚してしまい，慌ててブレーキを踏むという経験をしたことはないだろうか．あるいは，冒頭部にも書いたが，電車に乗ってホームで停車しているときに，向かいのホームに停車中の電車が発車したのを見て自分の車両が動いたと勘違いした経験ならばあるかもしれない．このような体験はベクションの一例である．

ちなみに，この現象はトレイン・イリュージョンと呼ばれている．妹尾と福田の 2012 年の論文 [2]（Multisensory Research という多感覚研究を専門的に扱う学術誌に掲載）では，このトレイン・

図1.4 CGで再現されたトレイン・イリュージョンの様子

イリュージョンをCGと大画面テレビを用いて，実験室で再現している（図1.4）．

図1.4は実際に実験で用いた刺激である．実際には，観察開始後数秒で，窓の外の電車が左方向に動き出すというものだった．妹尾と福田（2012年の論文で）は，この刺激を提示して，被験者に自分の体が右（窓の外の電車と反対側）に動いたと感じたらボタンを押すように教示した．その結果，全実験試行のうちの16％の試行で，電車が動き始めてから1秒以内にボタンが押され，ベクションが知覚されていることがわかった．つまり，トレイン・イリュージョンの「あっ，動いた！」というあの感覚を，実験室で再現することに成功したのである．

ちなみに，トレイン・イリュージョンは，大都市の方が体験しやすいのではないかと個人的に思っている．著者は学生時代に東京近郊で育ち，現在福岡に在住しているが，路線数が少ない福岡ではトレイン・イリュジージョンを感じる機会が少ない．それに比べて，東京のターミナルとなる大きい駅では，頻繁にトレイン・イリュージョンが体験できた記憶がある．品川，渋谷，新宿，東京，池袋な

① ベクションと自己移動感覚　7

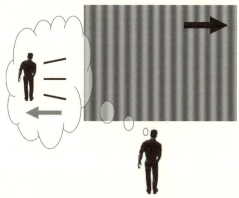

図1.5　ベクションの模式図
右に縞が動くと，左に自分の体が動いて感じる．

どが，トレイン・イリュージョンを体験できる好スポットなので，皆さんもぜひ実際に体験して頂きたい．

　このトレイン・イリュージョンのように，ベクションという現象では，前庭系が静止しているという情報を与えているにも関わらず，視覚刺激によって自己運動感覚を生じることから，視覚系が前庭系に劣らず自己移動感覚の形成に大きく貢献していることがわかると思う．この視覚性のベクションについて，最大限多くのことを学んでもらうことが，本書のテーマである．

　トレイン・イリュージョン以外にも，ベクションを感じることができる施設は日本に多くある．浅草花やしきなどの遊園地には「ビックリハウス」と呼ばれる施設がある．ここでは，部屋の中のブランコのような椅子に座り，部屋が物理的に回転するのだが，観客は，自分自身がブランコとともに回転しているという強い錯覚的な自己移動感を覚える．頭では自分は回転していないはずだとわかっているのに，どうしても自分が回転してしまう感覚を覚えて，椅子

にしがみついたという経験が皆さんにもあるのではないだろうか．

　前庭感覚器は自己身体の加速度のみに反応し，持続的な等速運動には対応できない．手足の運動感覚も，それが伴わない自己運動・自己移動を検出できない．たとえば，乗り物に乗っているときの自己移動感は，手や足からの入力から作ることができない．ベクションの優れたところは，上記のような欠点がきわめて少なく，あらゆる種類の自己運動に対応して，視覚情報からの自己移動感を形成できる点である．

1.4　その他の自己移動感覚と自己移動感覚の統合

　聴覚も自己移動感覚を支えている．何らかの音源に向かって近づいていくと，その音源からの音は次第に大きくなっていく．反対に遠ざかれば，音量は小さくなる．この音量の変化によって，自分の移動に関する情報が形成され，聴覚性の自己移動感覚が生じる．

　複数の音源から音が聞こえる場面では，それぞれの音源からの音の聞こえ方が変わることで，自己身体の回転や，音源間を移動する自己身体の移動感が得られる．たとえば，犬の鳴き声，噴水の音，バスのアイドリングの音が，自分から等間隔の3つの異なる場所から聞こえてくる場面を想像してもらいたい．これら3つの音が，回転して聞こえてくるとすれば，それは自分自身がその音の回転と反対方向に回転していることを示唆する．実際，こういった音刺激を作ってヘッドホンで被験者に提示すると，錯覚的な自己身体の回転感覚つまり自己移動感が生じることがわかっている[3]．これを視覚とベクションの関係にならって聴覚ベクション（Auditory Vection, AIV）と呼ぶ．坂本ら（2004）[4] は，目隠しをして座っている被験者の前方から後方に向かって（もしくは逆方向に），繰り返し移動する音を聞かせることで前後方向の自己移動感覚，つま

り前後方向の聴覚ベクションを起こすことに成功している．このように聴覚ベクションが存在することから，聴覚も自己移動感に対して大きな貢献をしていることが推察される．

皮膚感覚からも自己移動感は感じられる．前進すれば，風が顔や手足，胴体に当たる．前方を向いたまま後退すれば，風の当たり方は反対になり，背中に風を感じることになる．人間は，この皮膚で感じる風から自分の移動方向を推察することができるのである．

村田ら (2014) [5] は，被験者にアイマスクと耳栓をさせ，乗馬型フィットネス機具で前後左右にランダムに揺するという非常に特殊な状況を作った（図1.6）．（前後左右に揺することで，身体の不安定性を増し，自己移動感覚について鋭敏な状態を作るのが，村田らの意図であった）．この状況下で，風を前から被験者に向けて当てることで，皮膚感覚性の錯覚的な自己移動感（皮膚感覚性ベクション：Cutaneous Vection）が起きることが報告されている．皮膚感覚性ベクションは，視覚ベクション，聴覚ベクションに比べて弱いのだが，確実に存在する．これはつまり，皮膚感覚が自己移動感にそれなりに貢献していることの証拠である．同時に，視覚や聴覚に比べて，脳での統合の際に，皮膚感覚からの自己移動に関する情報の重み付けは小さいであろうことも推察ができる．

聴覚ベクションと皮膚感覚ベクションの共通点として，被験者には目隠しをしてもらう必要がある点が挙げられる．つまり，視覚の情報をゼロにしなければ，他の感覚モダリティからのベクションは成立しないのである．ここに，自己移動感覚における視覚の強さ，優位性が見て取れる．

次に，嗅覚からの自己移動感について考えてみたい．実験としては実現できていないものの，視覚や聴覚からのアナロジーとして，嗅覚ベクションも可能かもしれない．たとえば，匂いの元に近づく

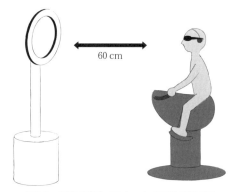

図 1.6 皮膚感覚性ベクションの実験の模式図
扇風機からの風を前方から受ける．被験者はアイマスク，耳栓を着用の上，乗馬型フィットネスマシンで前後左右に揺さぶられながら，風を受ける．（村田ら（2014）を参考に作図）

ことで匂いの密度が上がり，遠ざかれば密度が下がることから，嗅覚からでも自己と匂いの元の相対的な位置関係の変化を検出することができる．ただし，匂いの密度が上がることは，自己移動ではなく，匂いの元が静止している自己に近づいているという解釈も可能である．そのため，嗅覚性のベクションがあるとしても，それは非常に弱いかもしれない．著者の知る限り，嗅覚性ベクションの研究は皆無であり，未開のフロンティアとしての魅力はとても高い．今後の大きな課題であろう．

　一方で，味覚ベクションというのは少し難しいだろう．知覚する対象が口の中に限定されてしまう味覚から，その物体の位置と自身の位置関係の変化を類推するという場面は，簡単には想定できない．この節を書く中で，味覚性ベクションの可能性について頭をしぼっては見たものの，やはりそういった場面は想定しにくかった．たとえば，味付きの煙が特定の発生源から生じているような場合，

煙の濃さが発生源に近づくほど高くなり，味も濃くなるというような場面であれば，味覚性ベクションも可能かもしれない．しかし，そう言った場面は非常に稀で特殊なケースであろう．味覚性ベクションも先行研究の事例がゼロであり，可能性のあるフロンティアである．

以上のように，数多くの感覚系が，自己移動感に対して貢献している．そして，それらの情報は，大抵の場合には互いに「よい一致」を示している．そのため，それらの情報は普段は調和的に統合されているのだろう．ただし，脳のどの場所が，その統合処理を行っているのかについてはまだ研究が足りず，十分な理解がなされていない．しかしながら，各情報が統合され最終結論としての「自己移動感」が形成されていることはまず間違いないだろう（図1.1）．

最後に，認知的なイメージによってベクションを起こす試みに成功した2001年にマストらが行ったベクションの実験を紹介したい[6]．彼らは被験者をドラム缶の中に入れ，天井を眺めさせた．天井には規則的に白い丸が並んでいて，ドラム缶の回転に伴ってその白い丸が回転するという刺激を観察させた．はじめは，被験者にその刺激を何度も観察させ，刺激に十分慣れさせた．その後被験者は，目をつぶって，その刺激を自分のイメージ（空想で）で再生させるように教示された．すると，うまくイメージできた被験者では，たとえ認知的なイメージであり，実際には刺激の提示がなくても，十分に強いベクションを感じることができたのである．何とも雲をつかむような実験ではあるが，認知的要因のみでもベクションを引き起こせることを明らかにした貴重な実験例であると考えられる．

以上のことから，各感覚系からもたらされる情報と，認知的要因が適切に統合された結果として自己移動感覚が形成されていること

がご理解頂けたものと思う．

1.5 なぜベクションは起こるのか？

　われわれは外界に存在するものをそのまま書き写すかのようにして捉えているのではなく，無意識のうちに何らかの解釈を行ってから，知覚を能動的に形成していると考えられる．この概念は，ヘルムホルツが，各感覚モダリティからの入力とそれに対する反応形成に至る過程が無意識的な推論のように行われているという仮説を唱えた無意識的推論（1910 年）[7]に遡ることができる．無意識的推論を行うことで，脳はさまざまな形で物理世界から逸脱した知覚世界を構成する．そのひとつの好例がベクションである．

　われわれは生まれてからこれまで，世界全体が動いている場面にはほとんど出会わないで生きてきたはずである．世界が実際に動くのは，大地震に遭遇したときぐらいだろう．そのため，われわれの脳には「世界は止まっている」という大前提が刻み込まれている．ちなみに，ここで言う「世界」とは，視野の大部分を占めるものである．具体的には地面，空，山や建物などである．これら「世界」が位置を変える，すなわち「動く」のは，自らが移動しているとき以外，ほとんど起こりえない．

　ベクションを生起させるには，視野の大部分を占める刺激を一様に運動させればよい．ドットや縞によるオプティカルフローを大画面に提示すればよいのだ．これは，世界を動かすことに相当する．このとき，脳は「つじつま合わせ」を始める．視覚情報として入ってくるが，現実には起こりえない「世界が動いている」という情報のつじつまを合わせるには，「自分が動いている」という感覚を生起させるのが最も効率がよい．つまり「世界が動いている」という情報が間違っていないという状況を作るために，自分自身を動かし

てしまうのである．ベクションは持続的に入ってくる世界が動くという視覚情報のつじつまを合わせるための錯覚なのである．

巷にあふれるベクション

2.1 ベクションのさまざまな用いられ方

　ベクションを起こす表現技法はアミューズメント施設や映像作品のクリエータによっても用いられてきた．たとえば，先に紹介したアミューズメント施設である浅草の花やしきでは，1947年の再開園に伴い『ビックリハウス』が，舞浜の東京ディズニーランドでは1987年に『スター・ツアーズ』が設置されているが，どちらも周囲の視覚情報を大きく動かすことで自己の移動感覚を生じさせるアトラクションである．ユニバーサル・スタジオ・ジャパン（USJ）は，そういったアミューズメント施設の中でも特にベクションに特化した施設であると言え，『アメージング・アドベンチャー・オブ・スパイダーマン・ザ・ライド 4K3D』『ハリー・ポッター・アンド・ザ・フォービドゥン・ジャーニー』『バックトゥー・ザ・フューチャー・ザ・ライド』といったアトラクションでベクションが効果的に用いられている．追記しておくと，これらのアトラクショ

図 2.1 USJ のスパイダーマンのアトラクションは，ベクションを最も効果的に使っている．ベクションが体験できる日本国内の施設としては，最高のもののひとつである．

ンでは椅子が実際に動くため，純粋に視覚ベクションのみの施設であるとは言えないが，シミュレーションされた移動量が，視覚のベクションを用いて強調されているという点は事実である．

同様に映画館などでは，大画面にオプティカルフローを提示することができるため，観客に自己の移動感覚（ベクション）を起こすことが非常に頻繁に試みられている．ベクションは VR 作品や映画などを中心に頻繁に用いられる映像効果のひとつであると言えるのである（特に近年はそれが顕著である）．

たとえば，ジェームス・キャメロン監督の映画『Avatar』では，空を飛ぶシーンにおいて強いベクションを起こしうる表現が確認できる（奥行き方向の自己移動がシミュレートされたシーンで，画面中央に向かって，没入していくような映像が用いられている）．ほかにも，ジョージ・ルーカス監督の『スター・ウォーズ』シリーズや，山崎貴監督と八木竜一監督による『STAND BY ME ドラえもん』にも非常に強いベクションを起こしうる映像場面が存在している．

図 2.2 Avatar などの 3DCG の映画は,空を飛ぶシーンなどの,ベクションが起こりうるシーンがとても多く散見される.（テレビ映像を参考に作図加工）

さらに 2000 年の地デジ化以降,家庭用テレビが大型化,高精細化した.これによって家庭で視聴できるアニメーション作品においても,ベクション・シーンが頻出する時代になった（もちろん,ベクションの活用は,50～60 年代のハリウッド映画や 70 年代の手塚治虫作品の中にも発見できることを明記しておきたい).テレビ東京系列で 2013 年に放映された水島努監督の『ガールズ&パンツァー』では,第 1 話の冒頭部分から,戦車に乗った主人公たちと共に移動しているかのようなベクション映像が登場する（図 2.3).今後も,4K・8K といった非常に高い解像度と,それに見合った大型の視聴機材の普及が進めば,映像コンテンツにおけるベクションは,製作者・視聴者のいずれにおいても,その重要性と需要がますます増大するだろう.

ベクションがエンタテインメント業界で多用される理由は,そのマルチモーダル性にあると推察できる.従来の視聴コンテンツは,視覚と聴覚のみを刺激するものであったのに対し,ベクションを利用すれば,純粋に視覚刺激でありながら,身体感覚を強く刺激することができる.これによって,映像への没入感や臨場感を効果的に

図 2.3 『ガールズ&パンツァー』第 1 話の冒頭

戦車で移動するシーンは，まさにベクションが起る．このアニメーション制作者はベクションを意図的に起こしていると思われる．（テレビ映像を参考に作図加工）

高めることができる．4D シアターなどで見られる，椅子を揺らすなどの物理面での工夫がなくとも，映像コンテンツのみからより高い臨場感と没入感を演出できることがベクションを活用する最大の利点であると考えられる．

　特に NHK は，ベクション・コンテンツの利用に積極的なようであり，2016 年度の大河ドラマ『真田丸』や，2013 年度の朝の連続テレビ小説『あまちゃん』などでは，オープニングシーンでベクションの効果的な活用が確認できる（図 2.4）．

　NHK と言えば，2015 年末の紅白歌合戦では，歌手の水森かおりさんと小林幸子さんの歌唱場面で，その背景にベクションを引き起こす動画が提示されていたことも記録にとどめておきたい．両者とも，オプティカルフローを歌手自身の背景に提示し，歌手が空を飛び回るような錯覚を引き起こす舞台演出を用いていた（図 2.5）．さらに，2016 年末の紅白歌合戦においても，3 人組ガールズユニットの Perfume がベクション刺激を背景に歌唱を行っていた．このように「ベクション」という名前を知らなくても，知らず知らずのうちに，日常の中で，高頻度でベクションを感じることができる世の

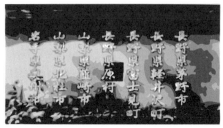

図 2.4 2016 年の NHK 大河ドラマ『真田丸』のオープニング映像に見られるベクション・シーン（テレビ映像を参考に作図加工）

中にわれわれは生きているのだ．

2.2 アニメーション中のベクション・シーンについての研究

　ここで，映像コンテンツとベクションという視点から，著者らの 2015 年の取り組み（当時卒論生であった，徳永康祐さんと著者

② 巷にあふれるベクション　19

図 2.5　水森かおりさんが 2015 年度末の紅白歌合戦で，トリに乗って，飛ぶという場面を後景に収束する街のオプティカルフローを提示することで再現した．ベクションを用いた舞台演出である．（テレビ映像を参考に作図加工）

らの取り組み）をひとつ紹介してみたい．著者らは近年の日本アニメーション作品の中にどういったベクションのシーンがあるかを調べ，そのデータベースを作成した．著者らは，ベクションを起こしうるシーンを，ベクション・シーンと呼ぶこととした．物理的な定義として，4 秒以上の自己移動をシミュレートした，一様な運動刺激の映像が広域な視野に提示されるものをベクション・シーンとした．これまでに，60 個のベクション・シーンを見つけ出し，その情報をまとめあげた．60 個のシーンの平均持続時間は 22.45 秒，作品数は 23 となった．そのうち，手書きのものが 10，CG のみのものが 24，手書きと CG を合わせて用いているものが 26 個となった．

　これらのアニメーション作品中から取得した 60 のベクション・シーンが実際にどの程度の強さのベクションを起こしうるのかを実験で明らかにした．

　はじめに被験者は，これまでの心理実験で用いられた拡散する円形縞刺激を繰り返し観察し，そこから得られたベクションの強さを「100」の強度として記憶した．次に 60 のシーンを 1 つずつ視聴し，視聴後にそのシーンで得られたベクションの主観的強度を，先の

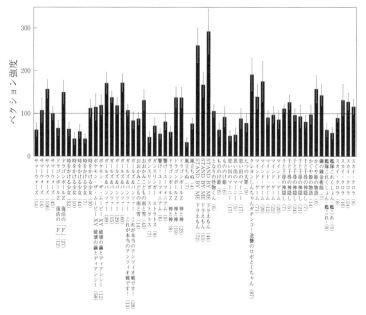

図 2.6　60 個のアニメーション中のベクション・シーンで得られたベクションの主観的強度の評価点

被験者は，一般的なベクション刺激である拡散する円形縞刺激によって感じられたベクションを 100 の値として記憶し，それと比較することで，主観的なベクション強度をそれぞれのシーンに対して与えていった．

100 と比較して得点を与えるという方法（これをマグニチュード推定法と言う）をとった．その結果が図 2.6 である．

　60 個のシーンで得られたベクション強度の平均値は 107.2 となった．これは，これまでの心理実験で用いられてきた一般的な実験刺激に比べて，遜色のない強さである．つまり，十分に強いベクションがアニメーション作品中のベクション・シーンから得られることが明らかになったと言える．強度の値を見ると，非常に効果的で強いベクションが引き起こされるシーンから，とても弱いベクション

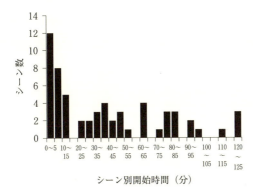

図 2.7 ベクション・シーンが作品開始から何分後に登場したのかを度数で示したもの

しか起こせなかったシーンもあり，ばらつきが大きいことがわかった．

次に，ベクション・シーンが，作品開始から何分後に現れたかについてその度数を図 2.7 に示した．多くのシーンが，作品開始後 15 分までに現れることが明らかになった．これは，冒頭でベクションを用いることで，作品への没入感を増させるためではないかと著者らは推察している．先にも述べたが，ベクションは作品の臨場感，没入感をあげることができる表現手法である．そのことをクリエータ側が理解して，作品の冒頭で効果的にそれを活用していることが図から理解できる．

以上のベクション強度の評価点とともに，各シーンの細かな情報をまとめあげ，ベクション・シーン・データベースを作成した．このデータベースは妹尾研のホームページ（senotake.jp で検索していただきたい）からフリーでダウンロードできるので，興味のある方はぜひご覧頂きたい．なお，この取り組みは今後も継続していくつもりであり，作品数も 60 から 100，そしてそれ以上を目指す予定である（2017 年 3 月時点でシーン数は 110 個になっている）．

この仕事は，論文の第一著者の徳永康祐さんの妹尾研での卒業研究である．上記の節は，卒論と修論の一部を用いて書かせて頂いた．卒論研究の学生の配属が決まり，著者は徳永さんの個性を伸ばすため，彼に好きなことをやってもらいたかった．彼はアニメーションを見るのが好きで，アニメーションを研究対象にしたいと言ってくれたので，ベクションとアニメーションのちょうど良い接点を模索し，こういった研究を行うことになった．彼はこの2年で数百本のアニメーション作品を視聴し，ベクション・シーンがあるかどうか吟味してきた．アニメーションが好きでないとできない仕事だろうと思う．彼の不断の努力のおかげで，良い研究ができたと自負している．

③

ベクションの位置づけ

3.1 科学界におけるベクションの位置づけ

　ベクションは科学の一分野であるが，それはどういった位置にあるのだろうか．この章では，この点について解説を行っていきたい．

　ベクションには，まず基礎研究として心理学的な価値がある．次に，応用的，VR 的な価値を持っている．これらが科学的なベクションの価値付けとして多くの科学者から共通理解の得られる面である．

　ベクションは心理学の中でも，実験心理学，その中でも知覚心理学，さらにその中の視覚心理学に位置づけることができる．人間の心を実験によって仮説検証する学問を「実験心理学」と呼ぶ．この中に，特に人間の知覚について特化して実験する分野があり，それを知覚心理学と呼ぶ．さらに，知覚の中にも視覚，聴覚，嗅覚，触覚などのより下位の分野分けがなされる．ベクションは視覚駆動性

の知覚であるため，視覚心理学の担当分野になる．ちなみに，日本には日本視覚学会という視覚に関する学問の専門学会もあるし，聴覚研究会という聴覚専門の学会もある．実際，日本におけるベクションの研究は，ほとんどが視覚学会，日本心理学会の知覚分野においてなされている．

　視覚心理学の方法論として，実験では人間の行動を観察する点が重要である．何らかの刺激を被験者に提示して（見せて），その後の行動の変化を指標として取るのである．つまり，行動指標こそが最も重視される結果になるのだ．行動指標の中には，先に提示したベクションを0点から100点満点で採点するような，主観評価と呼ばれるものも含んでいる．刺激（S: Stimulus）とそれを受けての行動反応（R: Response）を吟味することで，脳の内部でどのようなメカニズム，システムがあるのかを大胆に推察するのだ．古くからSR行動主義と呼ばれたりする学問的な姿勢を，視覚心理学は今も色濃く残していると著者は思っている．

　広域な視野に刺激を提示する（Stimulus）．すると反対方向に自己身体の移動感覚が得られる（Response）．この強度を口答報告によって答えさせる．このSとRの2項目を比較すると，視野の大部分が動くとき，それは物体が動いていると解釈するよりも，むしろ自分が動いているという解釈をするべきであるとわれわれの脳が無意識のうちに場合分けのような算術計算，つまり推論を行っていることが推察される．この点で，ベクションは古くからの心理学の研究の方法論に非常によく合致した研究テーマだと言える．

　ここで追記しておきたいのは，上記では視覚を特に強調したが，ベクションは，聴覚，触覚のように視覚以外の感覚にも及ぶ．そのため，ベクションは決して視覚部門だけでなく，多感覚的に知覚分野の広範に広がる研究テーマであると言える．あくまでも視覚部門

での研究が特に進展しているだけであり，多感覚，知覚分野全般における重要テーマとして，ベクションをとらえる必要があるだろう．

一方で，ベクションの応用的な活用はバーチャルリアリティの分野においてきわめて重要になる．そのため，ベクションの学会発表件数は，日本バーチャルリアリティ学会においても非常に多い．心理学では，ベクションが引き起こされる視覚的なメカニズムや環境に関する基礎的な研究を行う点が強調されていた．つまり，人間理解のための基礎研究として，ベクション研究の有効性が高かった．一方で，バーチャルリアリティ学会では，ベクションを使った新しいコンテンツの開発などの，応用研究としてのベクション研究が主となっている．

さらに，バーチャルリアリティ学会でのベクションの価値は近年（本当にこの数年で）ますます高まっている．ヘッドマウントディスプレイ（HMD）や，大型化したディスプレイ環境では，容易にベクションを引き起こすことができてしまう．そのため，映像制作者の意図とは別の次元で，ベクションがコンテンツの視聴を困難にしてしまう場合が増えてきている．これはVR酔い，映像酔いと呼ばれるものであり，コンテンツを楽しませるために，大画面で移動シーンなどを描いているにも関わらず，ベクションが強く誘発されすぎてしまうことで，鑑賞者の気分・気持ちが悪くなり，視聴が続けられなくなってしまうのである．

そこで，VR研究としては，いかにコンテンツ中のベクションをコントロールするか，開発者の意図の範囲内に置けるかが近年最も熱いテーマのひとつになってきている．このように，ベクションは実社会からの研究の要求・要請が今まさに高まっている分野であると言える．昨今，PlayStation VRやGoogle Cardboard，Oculus

Rift など,安価な HMD が登場しており,そういったハードウェアの充実が,コンテンツとしてのベクションの重要性を大きく押し上げているのである.

さらに,ベクションはまだまだ研究する価値が高い.先に,知覚心理学は視覚や聴覚などの下位研究会に分岐していると述べた.しかし,一方でそれらを統合して統一的に理解しようという機運も近年高まっている.そういった試みは,「マルチモーダル」と呼ばれている.ベクションは,視覚駆動の身体の移動であるため,その存在がすでにマルチモーダルであり,身体性を強く持っている.そのため,ベクションの存在は,知覚研究の新しい波である「マルチモーダル」の面からも非常に注目されている.

研究者人口も年々増えているようであるし,学会での発表件数も増え続けている(ヨーロッパ視覚会議,ECVP で 2016 年はじめて「Vection (ベクション)」が「Motion (運動)」という項目から独立して,単独でプログラムの項目となった).それは,ベクションが多面的な存在であり,基礎研究としての価値,応用研究としての価値,実社会からのデマンド,身体性,流行のマルチモーダル性といった時代に合致した要素を持っていることと深く関係していると思われる.

以上が,2010 年代のベクションを取りまく時代背景と,ベクションの位置づけ,価値づけである.これからベクションの研究をしてみようと思われている方にとっては,明るい面が大いにあることを知っていただければ幸いである.

3.2 世間一般におけるベクションの位置づけ
ベクションについての一般人の認知度(理解度)

前節では,ベクションの科学的な位置づけについて考察を行っ

た．科学的に多角的な高い価値をベクションが持っていることがわかったと思うが，それでは，このベクションは世間一般にはどのように思われているのだろうか？　そもそも，その存在やベクションという名前（言葉）はどれほど認知されているのだろうか？　この節では，このことについて著者らが一般の皆さんに対して行ったアンケートの結果から見ていきたい．

2016年7月31日，シーサイドももち海浜公園（福岡市早良区百道浜）で開催されたアニメーションのイベント『QAMP〜THE BEACH PARTY 2016九州アニメミュージックパーティー』において，九州大学芸術工学研究院，妹尾武治研究室として研究展示を行った．

これまでの妹尾研における研究である，アニメーション中のベクション・シーンの検討についてと，ベクションの先行研究に基づく動画作りについてイベント参加者に対して説明を行い，ベクションについての説明と普及活動を行った．妹尾研の出店ブースにおいては，延べ100名程度の来訪者に対して，一人当たり3分程度の説明を聞いて頂いた．説明の中で，ベクションとはどういったものであるのか，アニメーションの中のベクション・シーンにはどういったものがあるのかを周知した．さらに，ベクションが心理学で科学的に調べ上げられていることについても説明を行った．

説明の後に，6つの質問項目からなるアンケートを行い，合計で38名分の回答を得た．

図 3.1 2016 年 7 月 31 日に九州大学の研究室として出店したアニメーションイベント

図 3.2 アニメーションイベントでのベクションの周知活動およびアンケート実施活動の様子

ベクションについてのアンケート

九州大学　妹尾武治研究室

1. ブースで見た映像表現（とその体験のこと）が，正式にはベクションという名前があることを知っていましたか？
 (1. YES　2. NO)

2. ベクションが近年のアニメーション作品に多く見られることを知っていましたか？
 (1. YES　2. NO)

3. これまでに，映画・アニメーションでベクションを感じた経験はありますか？
 (1. YES　2. NO)

4. ベクションが，心理学などの科学者によって実験などで調べられていることを知っていましたか？
 (1. YES　2. NO)

5. これから，もっとベクションのことを科学的に知りたいと思いますか？
 (1. YES　2. NO)

6. ベクションが好きですか？
 (1. YES　2. NO)

最後に，自由なご意見をあればお願いします．

もしよければ，下記の情報を下さい．
お名前（　　　　　　　）年齢（　　）性別（男・女）

図 3.3 アンケート回答者の男女比と年齢構成

ここで，アンケートの結果について紹介する．まず，38 名の男女比は男性 7 割，女性 3 割となった．年齢構成は，20，30 代が全体の 82% を占めていた．

質問項目 1 の「ベクションという名前があることを知っていたかどうかについて」は全体の 89% が「知らなかった」と回答しており，ベクションという科学的な名称の周知度が非常に低いことが明らかになった．心理学者の周知活動がまだまだ必要であることがここから明確になった．

質問項目 2 の「アニメーションの中にベクションが多く見られることを知っていましたか？」については，68% もの回答者が「知らなかった」と回答している．アニメーション作品中にベクション・シーンが多数使われているにも関わらず，それに自覚的に接している鑑賞者があまり多くないことが明確になった．一方で，質問項目 3 の「これまでにアニメーション観賞中にベクションを感じたことがありますか？」に対しては 79% もの人が「Yes」と回答しており，ベクションを体験している人の方が多数派となった．

つまり，ベクションという名称や，そのアニメーションにおける頻出度合いについては自覚がないものの，ベクション体験自体は明確に記憶に残っているということになる．ベクションへの自覚は低いが，体験としての記憶は強いという，相反する状態でベクションが理解されていることがわかった．

4 つ目の質問では，「ベクションが心理学で調べられていること

ベクションという名前を知っていましたか？

ベクションがアニメーションに多く見られる
ことを知っていましたか？

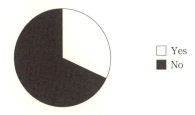

これまでにベクションをアニメーション作品
中で体験したことがありましたか？

図3.4 アンケートの質問に対する回答結果（その1）

を知っていましたか？」という問いについて回答を求めた．その結果81%という大多数の回答者は「知らなかった」と答えている．心理学者の周知の努力がまったく足りていないことがここからも明らかになった．次に、「ベクションのことを科学的にもっと知りたいですか？」という質問には，82%もの回答者が「知りたい」と

答えている．つまり，心理学者，科学者側が努力し，おもしろい提示の仕方ができさえすれば，ベクションの科学的なノウハウや事実は広くコンテンツの受け手側に受容される可能性があることがわかった．ベクションの科学的な事実が，一般のコンテンツ受容者に広がっていくだけの素地を，受容者側が十分に持っている可能性がここから示唆される．大事なことは，やはり心理学者側の啓蒙活動に対する努力を増やすことである．

最後に「ベクションが好きですか？」という問いかけには，1名を除き残る37名全員が（全体の97%が）「Yes」と回答している．つまり，ベクションは映像コンテンツ，VRコンテンツとして魅力が高いのである．コンテンツとして魅力が高いことを活かし，科学的なコンテンツとして心理学者が周知していく努力をもっとすれば，科学業界とアニメーション業界はもっとつながれる．その可能性が明確に示されたと言えるだろう．

全体として，ベクションの知名度，周知度は一般のコンテンツ受容者に対してはきわめて低いことが明確になった．しかし，ベクションを楽しむ素地，コンテンツとしての魅力，体験時の喜びは，非常に大きく高かった．つまり大事なのは，科学，心理学界側の努力であることがわかった．われわれ科学者・心理学者が一層，周知啓蒙活動を行う必要があるという結論に至る．まずは，われわれ心理学者自身でこういったアニメーションやコンテンツ業界のイベントに今後も参加し続け，周知活動を継続していくべきだと考えている．

人生初のアニフェス参加であった．独特なテンションで，独特な踊りを皆さんがしており，とても強い感銘を受けた．非常に親切にアンケートに答えてくださる方が多く，アニヲタの高い可能性を感じた一日だった．

③ ベクションの位置づけ　33

ベクションが心理学において調べられていることを
知っていましたか？

ベクションのことを科学的にもっと知りたいですか？

ベクションが好きですか？

図 3.5　アンケートの質問に対する回答（その 2）．

ベクションの3指標

4.1 ベクションの測定法

ベクションの実験では,3つの指標をその強度を表すものとして採用するケースが多い.3つとは,潜時,持続時間,マグニチュード(主観的強度)である.被験者に課す課題として,ベクションが生じている間,応答ボタンを押し続けるというものがある.このボタン押しによって,潜時と持続時間という2つの指標が取得できる.

潜時とは,刺激提示後から一番はじめのボタン押しまでにかかった時間である.ベクションが強ければ,潜時は短くなり,ベクションがすぐに生じることが知られている.

次に持続時間について説明しよう.ベクションの実験では,刺激の提示時間は,短いものでは20秒程度,長いものでは数分となる.この刺激の提示時間のうち,何秒間ボタンが押されていたかが「持続時間」である.すなわち,ベクションがあるとしてボタン押しの

報告がなされていた時間が，トータル何秒間だったのかが持続時間である．ベクションが強ければ，ベクションが生じない脱落時間が短くなるため，結果として持続時間は長くなる．

　最後にマグニチュードについて説明したい．これは，先のアニメーション中のベクション・シーンの実験ですでに紹介しているものである．ベクションを引き起こす刺激の提示終了後に，その刺激で得られたベクションの強度に主観的に得点を与え，その得点をマグニチュードと呼ぶ．何らかの比較対象となる刺激，専門用語では，標準刺激で得られたベクションの強度と比較して，主観的強度に点数を付けて答える場合が一般的である．これは心理学におけるマグニチュード推定法と呼ばれる方法である．標準刺激を用いずに，ただ主観的な強度に0〜100点満点で点数を与えるというような場合も存在し，それも広い意味でベクションのマグニチュード強度と呼ばれており，多用されている．

　この3指標を，ベクションの強度として算出している先行研究はざっと見ても20件以上が存在する．3指標のうちいずれか1つのみ，ないしは2つを用いているものも多数存在する[1]．全体として見て，ベクション研究の大半で3指標が何らかの形で用いられてい

---

[1] 以下に例示する．3指標すべてを用いている研究．
Apthorp & Palmisano, 2014; Bonato & Bubka, 2006; Brandt et al., 1973; Bubka et al., 2008; Bonato et al., 2008; Bubka & Bonato, 2010; Gurnsey et al., 1998; Mohler et al., 2005; Nakamura, 2010, 2013; Nakamura et al., 2010, 2013; Ogawa & Seno, 2014; Palmisano et al., 2011, 2015; Palmisano & Kim, 2009; Palmisano & Chan, 2004; Riecke et al., 2006, 2009, 2011; Seno et al., 2009, 2011, 2013; Seno & Fukuda, 2012; Seya et al., 2015; Shirai et al., 2012, 2014
同様に3指標中の2つないしは1つの指標を用いている論文．
Nakamura & Shimojo, 1998; 1999; 2003; Ash & Palmisano, 2012; Ash et al., 2011a, 2011b; Kano, 1991; Ito & Shibata, 2004; Kim & Palmisano, 2008, 2010; Kim et al., 2012; Allison, et al., 2012

図4.1 ベクションの3指標の取り方

矢印は時間の流れを示している．刺激が提示開始されてから提示が終了するまで，被験者はベクションを感じている間中，ボタンを押して報告する．ベクションの感覚がなくなったら，ボタン押しをやめる．途中，そのようなベクションの脱落があるため，ボタン押しは，灰色のボックスで示したような細切れのタイミングで生じる（もちろん，どういった脱落が生じるのかは事前にはわからない上，個人差も大きい）．一番はじめのボタン押しまでにかかった時間を潜時と呼び，灰色のボックスの総計を持続時間と呼ぶ．ベクションが強ければ，潜時は短くなり，持続時間は長くなる（つまり，ベクションの脱落が少ない）．刺激提示終了後に，マグニチュード推定法などでベクションの主観的強度を合わせて取得する．この3指標を用いるベクション研究が非常に多い．

ると言える．

3指標以外には，身体動揺の大きさ，眼球運動の大きさや瞳孔のサイズの変化などがベクション強度と相関するものとして用いられてきた．古くは，1974年のブラントらの眼球運動の実験[39]や，2000年代のキムとパルミザノの一連の頭部運動の研究[36, 37]などがある．しかしながら，それらの生理指標は必ずしもベクションの強さと完全なる相関を示さないこともすでに知られている．たとえば，身体動揺は大きく出るのに，ベクションは生じないケースもあれば，ベクションは強いのに，体はまったく揺れないというケースも存在している．したがって，ベクションという主観世界を記述する際には，先に示した3指標のデータそれだけをもってして，ある意味で主観世界に閉じた完結した世界観を示してしまっても良いように著者は考えている．生理系の指標はあくまでも脇役として，ベ

クションの傍証程度に考えるのが良いように思う．

ベクション研究者の間（小さいながらもベクション業界という科学分野がある）では，現在，より客観的で精度が高い指標が作れないかという挑戦がなされている．しかし実際のところ，圧倒的に優れた新しい指標は作られていない．たとえば，ベクションの生理指標として刺激観察後の唾液中のストレスホルモンの量を算出するという試みもなされているが，やはりこれも主観的なベクションの強度ときれいに相関するわけではない．また，ベクションに関連する脳の活動が，近年の fMRI の研究（京都大学の上崎らのグループ [40]，情報通信研究機構の和田らのグループの研究 [41] など）で明らかになってきている．ここから，脳の活動の程度をベクション強度の指標にすればよいのではないかという発案も存在する．しかし，脳活動は誰でも簡単に計測できないことなどから，実用段階にはまだまだ遠いのが現状である．このように，より良い新しいベクションの指標は，現在も模索が続いているのが実情であり，今後の発展が強く求められている．

4.2 3指標の関係と数理モデル

著者らはこの3指標で，どこまでベクションの真実に迫ることができるかについて検討を行った．まず，これら3指標が互いにどの程度相関するのかについて，300を越えるデータサンプルから明らかにした．次に，この相関の程度をヒントに，ベクションのモデルを構築し，そのモデルから得られる3指標の結果のシミュレーションを行った．

2014年と2015年に妹尾研究室で実施した7つの異なるベクション実験によって取得された317個の潜時，持続時間，マグニチュードの値を解析に用いた．7つの実験のうち，5つはこれまでに論文

として刊行されているものであった [42-46]．残り2つは，現時点では刊行されていないが，国際学会において発表済みのものであった [47, 48]．被験者は延べ107名に達した．

図4.2に3指標間の相関の結果を示した．潜時が短いと持続時間は長くなる傾向にあり，持続時間が長いとマグニチュードの値が大きくなり，マグニチュードの値が大きいほど潜時は短くなる，という明確な相関の関係性が図から見て取れる．3指標はすべての組合せで，統計的に有意な相関を示した[2]．

次に著者らは，この3指標の相関関係が再現されるように，ベクションの数理モデルの構築に取り組んだ．できるだけシンプルなモデルを作り，そのモデルを用いたシミュレーションによって，1万試行分の3指標の数値を算出し，その相関関係について検討を行った．

著者らは，図4.3のようなモデルを構築した．内的なベクションの強さは，サイン波状に上下動しながら，全体として強くなっていく（図中の波線）．ベクションが知覚的に，式的に得られるのは，この波が一定の閾値（θ，図中の水平な破線）よりも大きくなったときと考えることができる．波がはじめて閾値を越えるまでにかかった時間が潜時である．波が閾値を越えている時間の総計が持続時間であり，波が閾値を越えている領域の面積がマグニチュードに相当する．

このモデルを用いて，1万回分の試行をシミュレーションした．このシミュレーションの結果と，実際の7つの実験で得られた3指

---

[2] 317個というデータセットに対して高いr値が算出されており，3指標にきわめて強い相関があることが明らかになった．(Latency-Magnitude, $R(317) = -.55$, $p = .000$; Duration-Magnitude, $R(317) = -.66$, $p = .000$; Latency-Duration, $R(317) = -.44$, $p = .000$)

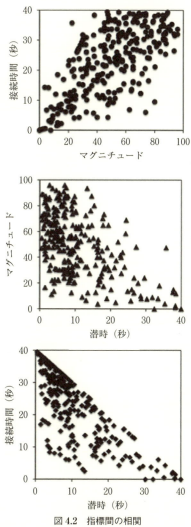

図 4.2 指標間の相関

持続時間と潜時の最大値は,刺激の提示時間であった 40 秒になっている.マグニチュードの値は下限が 0,上限が 100 であった.

- 潜時 $= t_0$
- 持続時間 $= \sum d_i : v(t) > \theta$
- マグニチュード $= \int v(t)dt$

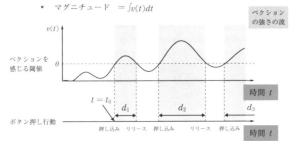

図 4.3　ベクションの数理モデル

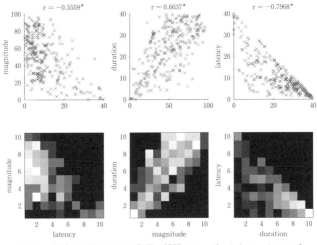

図 4.4　実験から得られた 3 指標の相関のローデータとヒートマップ

標の値を比較することがこの研究の最大の目的であった．

　図 4.4 は，先に示した 317 個のローデータから得た，3 指標間の相関の様子と，それをヒートマップ（分布密度を視覚的にわかりやすくしたもの）に変換したものである．

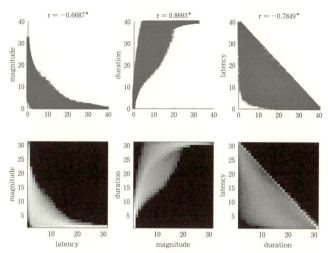

図 4.5 シミュレーションから得られた 3 指標の相関のローデータとヒートマップ

次に図 4.5 は，著者らのモデルを用いて得た 1 万試行分のデータから得られた 3 指標間の相関の様子と，それをヒートマップに変換したものである．

図 4.4 と図 4.5 を見比べると，3 指標の相関の様子は非常に似通ったものになっており，相関係数の値も近似している．以上のことから，著者らのモデルは，ベクションという心理的な働きをかなり的確に反映したものになっていると考えられる．

心と脳のメカニズムを数式に落とし込むという方法論とシミュレーションによるモデルの吟味は，知覚心理学においてとても重要である．これから先，ベクションの数理モデルをより精緻に発展させ，より妥当性の高いモデルになるように，工夫していく予定である．

ベクションの旅

　ベクションという非常にニッチに見える研究テーマであるが，実際のところ，世界中で数多くのベクション研究者が，熱心にベクション研究を行っている．そこで2015年度，著者は北米にある2つのベクション研究所を訪問する旅に出た．

　まずアメリカ・ニューヨークに程近い，セントピーターズ大学のローテーティング・ドラム（回転ドラム）という施設を訪ねた（図5.1）．フレデリック・ボナート教授とアンドレア・ブブカ教授の共作であるこの施設は非常に興味深いベクション設備であった．

　ドラムの内壁に，白黒で塗られた縞が配置されている．内壁の模様は，単純な白黒の縞であったり，白黒のチェッカーボードのような模様であったり，6色で色が塗り分けられた縞模様であったり，白地に黒い無数のドットであったりする．これらの模様は，簡単に着脱して変更することができた．このドラムを被験者の上部から吊るし，モーターで回転させる．すると，縞模様が観察者の周りをぐるぐると回転することになる．被験者は顎台に顎をのせて，その回

⑤ ベクションの旅　43

図 5.1　左からブブカ教授，著者，ボナート教授．背後に設置されているのがローテーティング・ドラム

転する縞を観察する．

　すると，縞は観察者の周りを絶え間なくぐるぐると回転するので，それを見ている人物は，縞が回っていると考えるよりも，むしろ自分の体が反対方向に回っているのではないか？　と感じ始め，回転のベクションが強く感じられるようになる（ただし，これはあくまでも感覚が生じるのであり，認識というレベルの問題ではない）．縞の回転方向とは反対方向に自分自身の身体の回転感覚が生じるのである．忍者が影分身の術で自分の周りをぐるぐると回っているような状況ではあるが，忍者のような意味を持たない白黒の縞やチェッカーボードが回転し続けると，自分の体の方こそが回っていると考えた方が，世界の理解としてはシンプルである．そのために，回転ベクションが生じるようになるのである．（忍者のような有意味のものが回転すると，ベクションがあまり生じないという点は，実はベクションにとって重要な意味を持つことを申し添えたい．有意味な刺激ではベクションが弱くなるという報告が複数ある．）

図 5.2 上段：ローテーティング・ドラムの内側を下から移した様子．中央顎台が見える．中央は，ローテーティング・ドラムの白黒のチェッカーボード柄の内壁．右は，それを体験する著者．
下段：ドラムは普段は持ち上げてあるが，体験するときは，中の観察者をすっぽりと覆うように降ろして使う．上部にモーターがあり，ドラムを回転させる．右下は，この状況を模式的にしたもの．

　きわめてローテクで，基本的なスキルで完成されたこの設備は，その単純さに反して非常に強いベクションを生じさせることができる．ボナートらの研究所以外にも，世界にこういった設備は多数あるようである．

　ニューヨークでローテーティング・ドラムを視察し終えた足で，次に著者は，カナダ・トロントのヨーク大学のタンブリング・ルー

ムを訪問した．この施設は，視覚心理学の巨人である故イアン・ハワードが制作したものである．この設備は現在，ハワードの同僚であったローレンス・ハリス教授とロバート・アリソン教授が維持・管理している．

この施設では，実験室内に完全なる部屋が再現されており，それが巨大なモーターの制御で，上下に回転するのである．内部にはカツラを被ったマネキンまでおり，カツラもマネキンも上下逆さまになっても，髪の毛1本も微動だにしないようにがっちりと固めてある．

このタンブリング・ルームで生じるベクションは，著者の人生の中でも最も強いものであった．否応なく自分自身の回転感覚を感じ，圧倒的なその強さに感銘を覚えた．生前のハワード教授曰く「ジェニュイン・ベクション」（真のベクション！）だそうである．このタンブリング・ルームは，簡単に作ることはできないので，これを用いて実験が行えるヨーク大学を非常に羨ましく思ったものである．なお余談であるが，元ハワード研で修行され，現在妹尾研でポスドクをされている藤井芳孝さんから聞いた話では，この施設は過去にNASAとの共同研究で使われていたそうである．歴史的にも重要で，本当にとてもおもしろい施設であるなあとしみじみ思う．

こうして大きな収穫を得て，ベクションの旅は2015年の初夏に終わり，日本に無事に帰国した．世界にはまだまだベクション設備が多数あるという．今後もそれらを訪ね，自分の目で体験したいものである．

ボナート教授，ブブカ教授，アリソン教授，ハリス教授とは，訪問の前後でとても仲良くさせてもらっている．アリソン教授とボナート教授，ブブカ教授を，著者の職場である九州大学の大橋キャ

図5.3 左から，著者，ハリス教授，アリソン教授

図5.4 タンブリング・ルームの内観と外観

ンパスに招いたこともある．ニューヨークでの実験環境の視察後に，ボナート教授，ブブカ教授とは渡辺謙主演の『王様と私』をブ

物理的回転　　　　　　　　　主観的回転
図 5.5　ビックリハウス（タンブリング・ルーム）の模式図

ロードウェイで見学した．アリソン教授には，車で2時間かけてナイアガラの滝に連れていってもらった．研究を進めることは，人と付き合うことと同義であり，嬉しい出会い，楽しい輪が必ず生まれる．こういった人々と縁を結べることは，研究者としての冥利に尽きるのである．

ベクションの研究史

　ベクションに関する科学的な記述は，エルンスト・マッハ（音速の単位「マッハ」や「マッハバンド」でも知られる多才な科学者である）が1875年に桟橋から川の流れを見ているときに，川の流れとは反対方向に自己身体が動いて知覚されたという記述 [1] にまで遡れる．おそらく，それ以前にもベクションの存在は何らかの形で知られていただろうと推察する．だがしかし，定量的なベクションの計測，科学的なベクション実験は，1970年代になるのを待たねばならなかった．ベクションの心理実験の祖は，トーマス・ブラント（Thomas Brandt）らが1973年に Experimental Brain Research 誌上に発表した論文 [2] となる．ベクションの科学史は，現在からさかのぼるのに40年足らずで済んでしまうのである．彼らの実験は，コンピュータ制御の回転ドラムの内側に被験者を入れるというものだった．矩形波状に白黒に塗り分けられた内壁を観察させてベクションを生起させたのである．そして，その主観的印象（マグニチュード推定）や持続時間，主観的自己運動速度を計測した．

ブラント以降,多くの研究者がベクションの研究に取り組むようになった.特にベクションを誘発する視覚刺激の特性が,重点的に詳しく調べられてきた.

6.1 視野の位置と大きさについての研究

提示視野位置やその大きさは,ブラントら (1973) [2] からすでに重要な検討要因になっており,刺激の面積が大きいほどベクションが強く誘導されることがわかった.また,周辺視野の方が誘引力が強いという結果が繰り返し報告された.しかし,その後の研究で,周辺と中心で誘引力に差はなく,重要なのは面積のみであるという反論もなされている.ポスト (1988) [3] によれば,刺激の面積が一定であれば,75度以内の視野にベクションを効率的に引き起こす特異的な視野は存在せず,誘引力はどこでも一定であるということになっている.

日本のベクション界の重鎮である中村信次 (2006) [4] は,この議論についてより高い次元での解決策を提案している.中村の指摘によれば,こうした不一致は,視野の問題と奥行き構造の問題が交絡しているために生じたものである可能性が高い.周辺視野ほど,遠くに感じられる,つまり奥行き感が出てしまい,それによって周辺視野におけるベクションの誘引力が強まっている可能性があると中村は言う.次の節に記述するが,奥行き感も重要なベクション誘発要因であり,奥に感じられる刺激ほどベクションを強く誘発できることが明らかになっている.本来は周辺と中心でのベクションの誘引の効率は同じであるのだが,周辺視野に提示される刺激は,中心視野に提示される刺激よりも奥に感じてしまうため,同じ面積であれば,周辺視野に提示された刺激の方がベクションを強く感じてしまうと考えられる.

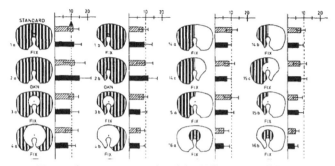

図 6.1 ブラントらの 1973 年の論文に掲載されている結果の図
縞刺激が提示されていて，それを人が見ている様子を後ろからイラストにしたものである．

ここに，ブラントらの 1973 年の論文から図を引用して掲載した（図 6.1）．

ブラントの論文で提示されたこの図は，人の後ろ姿越しに，視野のどの位置に縦縞の刺激を提示したのかが描かれている．したがって，中央に白地の人形が常に見えている．白黒の縞部分が，刺激が提示されていた視野の場所を示している．左上だと視野全体を刺激が覆っているが，右下に行くに連れて刺激の面積が小さくなっている．

2 本の棒グラフは，それらの刺激の大きさの違いによって引き起こされたベクションの強度である．右に伸びるほどベクションが強かったことを意味している．左上から右下に行くに連れて刺激面積が小さくなり，対応して，棒グラフの伸び，すなわちベクションの強度も低下していることが見て取れる．面積の大きさとベクション強度には強い正の相関があることが一目でわかる歴史的にも重要なグラフである．

たとえば，左下では中央が白地で，周辺部が縞模様になってお

り，右下はその逆に中央のみが縞刺激になっている．ベクションの強さで見ると，左下はそこそこグラフが伸びているが，右下の棒グラフは非常に短い．つまり，面積の大きさだけでなく，中心視野よりも周辺視野に刺激を提示した方が効果的であるという結果が得られているのだ．

ほかにも，右から2つ目の列は，左の半分の視野だけに刺激を提示している例である．面積が半減しているから，全視野提示（左上）に比べてベクションが半分になるかと注意して見てみると，半分以上の強度が得られている．ベクション強度は刺激の面積の大きさに比例して強くなるが，必ずしも線形な対応関係ではないことがここから見て取れる．この論文と結果のグラフは，このようにベクションについて非常に多くのことを物語るものであり，まさにエポックメイキングな名著であり，ベクション研究にとってバイブル的な論文である．

現在のベクション研究では，よりシステマチックな面積の統制がなされており，円形の刺激エリアを拡大していくというのが最も妥当性のあるやり方であると考えられている．図6.2のように，円形の刺激の直径を大きくしていくことで，刺激面積を段階的に大きくしていけるのである．

6.2 奥行き関係についての研究

上記に紹介したが，知覚的に奥に存在する刺激がベクションを支配的に生起させるという結果を多くの研究者が報告している．伊藤と柴田は (Ito & Shibata, 2005) [5] は拡散刺激と収束刺激を異なる奥行き面に（立体（3D）眼鏡によって視差定義の奥行き情報を与えて）重ねて提示した．図6.3のように，立体（3D）眼鏡を被験者につけさせて，前進ベクションが生じる拡散刺激の面に対して，

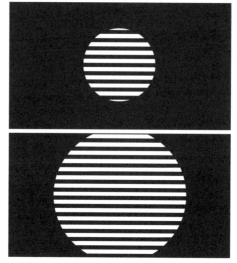

図 6.2 円形刺激による面積の調整の具体例

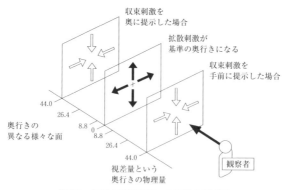

図 6.3 伊藤と柴田が用いた刺激の模式図

それよりも,手前か奥の面上に,後退ベクションが生じる収束刺激の面を付与したのである.すると,ベクションは必ず物理的に奥に

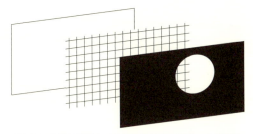

図 6.4 奥行き関係とベクションについての一つの例示
グリッドが上に動くものを,黒い前景にある覗き穴から見るというような例.このように,前景,中景,後景のような奥行き順序の情報が,ベクションの強さを変化させることがある.特に,最も奥にある運動刺激が,ベクションを最も効果的に引き越せることが知られている.

ある面によって誘発された.拡散が奥に提示されていれば前進知覚が得られ,収束が奥に提示されていれば後退知覚が得られたのである.一番奥にある運動刺激がベクションを支配したのである.

上記が大前提ではあるが,手前の刺激に支配される「逆転ベクション」という例外が存在することもここに明記しておかねばならないだろう(中村の 2000 年代の一連の研究で例外が報告された [6, 7]).逆転ベクションとは,奥に上下いずれかに動くベクション刺激(ドットの運動)を提示し,手前に左右いずれかにゆっくりと動くベクション刺激(ドットの運動)を提示すると,何と手前のゆっくり動く刺激に対応してベクションが生じるというものである.このとき,ベクションの生起方向は手前のドットの運動方向と反対方向ではなく,同方向に起こるのである.これは,ベクションの生起方向としては「超例外」な事例であり,中村らの初出の報告は,ベクション業界に衝撃を与えた.

ちなみに伊藤裕之は著者の最も尊敬する心理学者であり,大切なボス(上司)である.

6.3 運動刺激の特性に関する研究

運動刺激の特性を検討したものとしては，刺激の縞の荒さ（専門用語では空間周波数）を検討したものも存在する．縞が適度に荒い方（低空間周波数）が，あまり縞が細かいときに比べてより効率的にベクションを誘発させるという報告がある [8]．一方で，縞の荒さ（空間周波数）と提示視野位置には交互作用があり，一概に適度に荒い方が（低空感周波数）良いというわけではないという報告もある．パルミザノとギラムの1998年の論文 [9] によれば，周辺視野では縞は荒い方がよく（低空間周波数の刺激の方が）効果的にベクションを起こせるが，中心視野においては，ある程度細かい縞（高い空間周波数の刺激）の方が効果的であるとのことである．

次に刺激の速度であるが，視角速度で 100 度/秒までは，刺激速度と知覚される自己運動速度に線形の対応関係があることが知られている [10]．つまり，そこまでは刺激の速度をあげると，自己の移動速度感覚も対応して上昇することが知られている．それ以上の刺激速度は，知覚上の移動速度に対して，寄与が小さくなるようである．

運動刺激のタイプとベクションの関係については，ガーンジーらが1998年におもしろい報告 [11] をしている．彼らは，輝度（明るさの違い）による刺激とコントラスト（輝度よりも高い次元の物理属性）による刺激を比較した．その結果，最も低次な刺激である，明るさの違いで作られた刺激で，ベクション強度が最も強くなることが報告されている．誤解を恐れずに簡単に言ってしまうならば，シンプルな刺激，簡単に作れる刺激の方が，込み入った刺激よりも強くベクションを起こせるという理解で良いだろう．

6.4 刺激の色について

刺激の色についても，さまざまな研究がなされている．たとえば，著者らの研究グループでは赤で制作された縞やドットなどのオプティカルフロー刺激では，ベクションが弱くなることを報告している [12]．一方で，瀬谷らのグループは，赤色はむしろベクションを強めるというデータを報告している [13]．一見すると大きな齟齬に見えるが，赤色はベクションにとって特殊な効果を持つ色であるという点で両者は良い合致を見せている．おそらく，赤色はベクションに対して特別な効果があり，その効果のベクトル（方向性）が，それぞれの実験の刺激や環境などによって変化したのだろうと考えられる．

ボナートとブブカ（2006）[14] では，ローテーティング・ドラムの内壁の縞を白黒にした条件と，6 色の多色にした条件（および 6 階層の灰色にした刺激）とを比較すると，多色の方が強いベクションを誘引できると報告している（図 6.5）．彼らはその後この多色刺激の促進の追試にも成功している．

小川ら（2016）[15] では，この多色（6 色）刺激を縞刺激ではなく，ドット刺激によって再現した．その結果，多色刺激では，ベクションがむしろ弱くなることを報告している．多色の方が，効果的であるとは一概に言えないようである．多色刺激の効果については，今後さらなる検討が必要であると言えそうだ．

次に，中村らは 2010 年 [16] に，ドットによるオプティカルフローの色が点滅して変わる刺激を用いている．こういった色の点滅はベクションを大幅に阻害する．中村は，この原因を刺激の自然さと不自然さの程度に対応して，ベクションの強度が強くなったり，弱くなったりするのではないかと考えている．不自然な色合いの刺

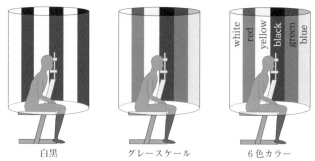

図 6.5 ボナートとブブカ (2006) が用いた多色刺激のローテーティング・ドラム

激はベクションを弱め，自然な色合いの刺激は強めると考えられるのである．

このように刺激の基本属性である色についても，多くのベクション研究が存在するのである．

6.5 ベクションにおける図と地仮説

以上，ベクションの刺激特性に関する研究をまとめると，ベクションは知覚的に図になる領域ではなく，地になる領域によって強く引き起こされるという図式が描ける．より奥にあり，周辺にあり，空間周波数が低く，面積が大きいものと考えると，それは「世界」であり，知覚的には「地」となる部分である．一方で，手前にあり，高空間周波数で，中心視野にあり，小さいものとなると，オブジェクトである要素をかなり満たしている．つまり知覚的に「図」になるものである．

ベクションは「動いている世界」という事態を回避するためのつじつま合わせであるから，「世界」としてふさわしい特性をもつ，「地」の領域がベクションを強く誘発すると考えれば，一貫性のあ

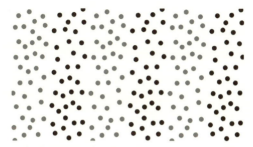

図 6.6 北崎と佐藤の論文（2003）で用いられた画期的な刺激の模式図
赤と緑のドット（ここではモノクロで表現しているため，グレーと黒のドット）は，180度反対方向に，同一速度で動く．

る理解が可能になるのである．

この図と地の概念について，直接実験で明らかにしている科学論文を2つ紹介したい．まず北崎と佐藤による2003年のパーセプションの論文である [17]．彼らは，上昇する緑のドットと，下降する赤のドットを短冊上に区切った面積に交互になるように提示した．刺激の模式図を図6.6に示そう．

この刺激を被験者に提示し，さらに教示にて被験者には赤（グレー）か緑（黒）か，いずれか一方のドットのみに注意を向けさせた．すると，上昇する緑（黒）のドットに注意を向けているときには，下降する赤い（グレー）ドットによってベクションが生じた．つまり，下降する赤い（グレー）ドットによって，上昇ベクションが生じたのである．反対に，下降する赤い（グレー）ドットに注意を向けたときには，上昇する緑（黒）のドットにベクションが誘引され，下降ベクションが生じたのである．注意を向けている対象は知覚的に図になるものである．ベクションは知覚的に地になる領域によって効率的に引き起こされるから，注意を向けなかった方のドットに誘起されたベクションが生じたのである．この実験は，明確

にベクションにおける図と地仮説を立証したものとして，エポックメイキングな名作であると著者は思っている．

著者は，彼らの実験を下敷きにしてもう 1 つ発想を遊ばせてみた．ルビンの盃の形に，上昇する縞と，下降する縞を同時に提示してみたのである [18]．ルビンの盃の，盃部分は，上昇する縞，顔部分は下降する縞といった具合に刺激を作ったのである（図 6.7）．

被験者にはボタン押しで，今知覚的に図になっているのが，顔か盃かを持続的に答えさせた．これと同時に，生じているベクションの方向が上か下かについても，持続的なボタン押しによって答えさせた．2 つの報告課題を同時に課したのである．

その結果，顔が見えているときは，盃部分の上昇する縞によってベクションが誘引されて下降ベクションが生じ，盃が見えているときは，顔部分の下降する縞によってベクションが誘引されて上昇ベクションが生じやすくなることがデータから明らかになった．つまり，知覚的に図になっている縞の運動ではなく，地になっている縞の運動がベクションを引き起こしていたのである．これも，ベクションにおける図と地仮説を直接的に立証した実験のひとつに数えることができる．

ルビンの盃刺激は，著者が東京大学から九州大学に移籍した後に，はじめての実験で用いたものだった．この刺激は，自分の人生の中で記念碑的な存在であり，自らが選ぶ最も好きな自分の実験のひとつである．実験心理学者は，自分の人生の中でおそらく 100 を越えるくらい実験を行うものだと思うが，その中にも，特に好きな自信作というものが必ず生まれる．このルビンの盃の実験は，著者の自信作であり，代表作であると思っている．

図 6.7 妹尾ら（2009）で用いられた，ルビンの盃状態のベクション刺激
顔と盃部分の縞は180度反対方向に一定速度で動く．（実際の実験で用いた刺激をそのまま掲載している．）

6.6 多種多様なベクション刺激を動画配信する試み

　上記のようにベクションの実験刺激は多数開発されてきた．それぞれの刺激にはそれぞれ，対応する美しい実験の歴史がある．そのため，すべての実験刺激が「美しい」ものだと著者は思う．そこで著者は過去40数年の間に作られてきた，ベクション刺激のデモムービーを作ることに大きな意義があると考えた．2016年度の卒論生であった瀬戸口笑さんと共同でそれらの動画を1つずつ作成していった（図6.8）．1つの実験につき1つのデモムービーを作り，トータルで30作程度の動画が完成した．この動画は妹尾研ホームページ（http://senotake.jp/）から，ないしは YouTube で公開している（妹尾研ないしは，ベクション，で検索してほしい）ので，ぜひとも美しいベクションの実験刺激を見て頂きたい．

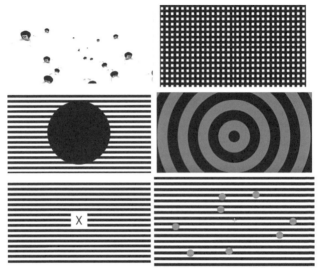

図 6.8 過去の科学論文に基づいて作ったさまざまな（美しい）ベクション刺激のデモムービー

YouTube のチャンネルの URL は

https://www.YouTube.com/channel/

UCljP8luiIihKCWEExOEsIAA

となっている．妹尾研のチャンネルがあり，そこから 30 作程度のベクション動画を視聴して頂ける（目下も数を増やしているところである）．各動画には，日本語と英語で説明が記載されており，関連する重要論文の情報も示してある（図 6.9）．

瀬戸口さんは映像制作やデザインに興味が強い学生だった．普通，心理系の研究室では卒業までに心理実験を行うのだが，彼女は作品制作で実験の代わりとした．センスが必要な仕事だったので心配もしたのだが，立派にやりきってくれて安堵した．

⑥ ベクションの研究史　61

図 6.9　YouTube の動画の様子

妹尾研アカウントから 30 作ほどの動画にアクセスできる．動画の説明は日本語と英語で書かれており，関連論文の情報も一目でわかる．

7

ベクションとは何だ？ —再考—

7.1 ベクションの脳科学研究

　ベクションとは何だろうか？　このことを考え直したい．その前に，まずベクションと脳の関係について明らかにしていきたい．ベクションに関わる脳部位が明確に理解できれば，ベクションとは何だ？　という問いに対しても，より明快な答えを選ぶことができるだろう．

　ベクションの神経心理学的研究に関しては，PO（parieto-occipital area）という頭頂部から後頭部にかけての脳部位が損傷した患者では，ベクションが知覚できないという報告がドイツのハイドらによってなされている [1]．この研究が，ベクションの脳科学の最初期のものである．後頭部では，視覚に関わる活動がなされていることがすでにわかっており，ベクションが視覚と関連の深いことがこの結果から明らかになったと言える．

　その後，さまざまな方法によって，ベクションに関連する脳部

位についての研究が行われてきた.たとえば,ポジトロン断層法 (positron emission tomography: PET) を用いた,ゼキ(脳科学界の重鎮)らの実験 [2] では,視覚の処理に関する脳部位である V3 と呼ばれる場所が活性化することが見いだされている.ほかにも,同様に PET を用いて,かのブラントがベクション知覚時の脳活動を計測した結果,ベクション知覚時に,やはり頭頂部と後頭部の中間地点(MT 野と呼ばれる場所)が活性化することが報告されている [3].一方で,重力や体の回転の処理に関係している(前庭感覚を処理している)脳内部位(PIVC, parieto-insular vestibular cortex) は反対に不活性化することが報告されている.これはつまり,ベクションが起こっているときは,主に視覚,中でも運動に関する場所をフルに活動させ,一方で,視覚以外の移動感覚を生む脳内部位の活性度を積極的に下げているということである.

大雑把に言えば,MT 野は,ものが動いていることがわかる脳であり,視覚的な運動の処理に深く関わっている.ベクションにおいても,視覚的な運動の処理が必要であることが示唆されたと言える.

同じく PET を用いたプレビックらによる研究 [4] で,やはり,視覚的な運動に対して反応する MT 野に相当する場所がより活性化することが報告されている.加えて,他の脳部位についても幅広く活動が見られることも報告がなされている.(たとえば,運動を司る小脳に活動が見られた.)

別の方法で脳を見た研究も存在する.脳磁図(magnetoencephalograph: MEG)を用いた結果 [5] では,ベクション知覚中はやはり頭頂部と後頭部の中間地点にある,MT 野と MST 野 (medial superior temporal area) に相当する部位に持続的な活動が見られた(図 7.1).

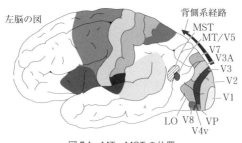

図7.1 MT, MST の位置

　MST は，MT の後に，情報が伝わる脳部位である．これまでに，MST はオプティカルフローに対して，強く活動することがわかっていた．したがって，ベクションで活動が増進するというのは，さもありなんという結果である．

　機能的核磁気共鳴画像法（functional magnetic resonance imaging; fMRI）を用いた報告例も存在する．fMRI といえばご存知の方も多いだろうが，強い磁気によって脳の活動の上がり下がりを明らかにして映像に撮る技術である．クラインシュミットらによる報告 [6] では，先に繰り返し活動が報告されてきた MT 野はむしろ活性化しないと報告している．

　一方で，重力や体の回転についての処理を行っている脳部位，PIVC ではベクション生起中に不活性化の度合いが大きくなることがここでも報告されている．この PIVC の不活性化の結果は，先のブラントら（1998）の結果と合致している．クラインシュミットらの報告では，結局，ベクションによって活性が強くなる脳部位は，小脳結節と呼ばれる身体の運動制御に関連している部分のみであることがわかった．

　以上のように，ベクションの脳科学研究の結果には一貫性だけでなく，方法論，用いた機材によって，不一致も見られている．「頭

頂部から後頭部」(PO)の活性化と,重力や回転などの前庭入力処理を行っているPIVC野の不活性化はおおよその合意が認められるが,MT野に関しては積極的な関与を認める意見もあれば,その関与を否定するものも存在する.そのほか,詳細に検討を行うと,研究ごとに活性化する脳の部位が異なってしまっているのが現状である.これらの結果の齟齬は,用いた刺激の違いや眼球運動の統制の違い,注意負荷の違いなどで部分的には説明されうるだろう.現在も継続的にベクションに関連する脳部位を調べる研究が報告されており(たとえば,京都大学の上崎らのグループ[7],情報通信研究機構の和田らのグループ[8]が報告している),最新の結果からも目が離せない.これから先10年でさらに多くのことが明らかになるだろう.

7.2 なぜベクションは起こるのか？ —再考—

ベクションは無意識的推論,脳が世界を自動補正して解釈するさまを如実に表してくれる現象だ.

われわれは生まれてからこれまで,世界が動いている場面にはほとんど出会わないで生きてきた.そのため,われわれの脳には「世界は止まっている」という大前提が刻み込まれている.これら「世界」が位置を変える,すなわち「動く」のは,大地震などを除けば自らが移動しているとき以外にはないのである.

先の章で,ベクションを効率的に駆動するための視覚刺激の属性・特性について詳しく見てきた.それらは,視野を占める面積が大きいこと,中心視野よりも周辺視野を占めていること,刺激の色が多いこと(ただし,色自体には偏った分布が必要である.つまりドットではなく縞のような刺激),奥行きとして最も奥にあるもの,注意が向いていないもの,知覚的に図ではなく地の領域であるこ

と，などであった．これらを俯瞰してみると，それはすなわち，刺激が「世界らしい」ことを意味しているのではないだろうか？

　刺激を物体として認識するのではなく，むしろ世界，つまり「その他大勢」として解釈できれば，ベクションは効果的に駆動できるのだ．いかにして，視野内の運動を物体のものと思わせず，「外界・世界」のものと思わせることができるのかが重要なのである．この世界らしさの査定こそが，脳が行う無意識的推論なのである．

　ベクションが起こるとき，脳は「つじつま合わせ」を始める．視覚情報として入ってくるが，現実には起こりえない「世界が動いている」という情報のつじつまを合わせるには，「自分が動いている」という感覚を生起させるのが最も効率がよい．つまり「世界が動いている」という情報が間違っていないという状況を作るために，自分自身を動かしてしまうのである．そして，刺激の世界らしさが高まるほど，このつじつま合わせは迅速にかつ強くなされるのである．刺激が少しでも「物体っぽさ」「世界らしさの欠如」を持っていると，脳の無意識的な推論は遅くなったり，弱くなったりしてしまう．そうなると，ベクションが弱くなったり，生起するまでに余計な時間がかかったりしてしまうのだ．ベクションが強いとは，脳の無意識的推論がより強烈に発動されていることにほかならないのである．（反対に，先のゲームなどのVR環境において，ベクションを弱くしたい要求があるときには，いかに物体らしく見せ，世界らしさを欠如させるかを追求すればよい．)

　そう考えると，ベクションの強さを取得することは，脳の無意識的推論の強さを定量化する試みと言えるかもしれない．

　冒頭でも，なぜベクションが起きるのかについて紹介したが，先行研究を網羅的に学んだことで，そのことがより深く理解できたのではないだろうか．ベクションの醍醐味がここにあろう．

7.3 ベクションを用いて，心のメカニズムに迫る

　知覚心理学の魅力とは一言で言えば何であろうか？　著者が思う最大の魅力は，刺激（S: Stimulus）とそれによって生じる行動反応（R: Response）から脳内の心のメカニズム（X）を推察することができることだ．ベクションの心理実験もその魅力の例に漏れない．ここでは，ベクションという行動反応（R）が，視覚剥奪への順応という刺激（S）に対してどのように変化するかを見ることで，自己移動感を決定する際の多感覚統合のメカニズムについて明らかにした著者らの試みを見て行こう．（この実験は Experimental Brain Research 誌上で報告されたものである [9]．）

　著者らが行ったのは，ベクションの刺激を観察し，ベクションの強度を測定する直前に，視覚からの情報が剥奪された状態で歩行行動をするという実験だった．半分に切ったピンポン球を，2つ眼鏡状にして，眼前に提示した（図7.2 参照）．周囲の情報が漏れないように，ピンポン球の周辺には，鉄盤を配置していた．著者らはこの眼鏡を，ガンツフェルド眼鏡と呼んでいる．これを装着すると，視覚情報としては明るさの変化のみがわかるだけで，有益な情報は何も入ってこない．深い霧に覆われているような状態になるのである．この状態で，被験者に木の棒をもたせ，その一方を実験者が握って被験者を強制的に歩かせた．あたかも霧の中を歩いているかの

図7.2　ガンツフェルド眼鏡と，それを装着して歩く様子

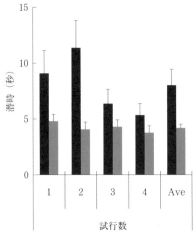

図7.3 視覚剥奪後のベクション強度の変遷

縦軸は潜時であり，下に行くほどベクションが強いことを意味する．横軸は第1試行から第4試行を示しており，右に行くに連れて時間が経過している．最右は4試行の平均値である．時間の経過とともにベクションの抑制が取れて，視覚剥奪の順応からの回復の過程が見て取れる．黒いバーがガンツフェルド眼鏡条件，灰色のバーが統制条件である．（右端の Ave とは，4試行の平均値を意味している．）

ような体験を被験者にさせたのである．

　この作業は，視覚情報がまったく役に立たないという状態への順応を意図して行った．つまり，眼自体は正常に機能しているのに，そこから得られる情報がまったく役に立たないという状態に，被験者を順応させたのである．

　さて，被験者は5分間この状態で歩かされた後に，大型テレビの前に座らされ，眼鏡を外した．その直後にベクション刺激を大画面に提示して，その強度を記録した．ベクション刺激は間を置かずに4回繰り返して提示された．

　では，ベクションの強度はどう変遷しただろうか．その結果を図

7.3 に示している．図は，ベクションの潜時の結果であり，値が小さいほど刺激提示後すぐにベクションが生じた，つまりベクションの強度が強かったことを意味している．

第1, 2試行では，潜時の値が大きいが，第3, 4試行に移るに連れて，潜時の値が小さくなっていることが図から見て取れるだろう．ちなみに，ガンツフェルド眼鏡を装着せずに，刺激提示前に，実験者に手を引かれて歩くという条件（統制条件）も行ったが，統制条件では，そういった潜時の変化は起らなかった．結果をまとめると，視覚剥奪に順応した後にベクションを計測すると，その冒頭は剥奪の効果が強く，ベクションの強度は弱いが，第3試行，第4試行と時間が経過するとともに，ベクションの強度は次第に強まり，元の状態に戻ったと言えそうである．

ここで，この実験中のS, R, Xについて考えてみたい．まず，Sは視覚剥奪への順応である．次にRは，時間の経過に伴って，ベクションの抑制が緩和されたという反応の結果である．視覚剥奪による順応とそこからの回復が見て取れるのである．では，ここからどのような脳による心のメカニズム，Xが推察可能だろうか？

著者らの考えはこうだ．視覚剥奪に順応すると，視覚からの情報の重み付けが減らされて，自己移動感覚という結論を作る際に視覚がないがしろにされる．図7.4を見てほしい．自己移動感の生成には，多感覚からの情報が適切に重みづけられて統合されていると推察できる．今，視覚剥奪に順応すると，視覚の情報は役に立たないから，重み付けをしても意味がないという状態に陥る．すると，脳は視覚の重み付けをぐっと減らすのではないだろうか？　視覚の重み付けが減った状態でベクション刺激を見ると，視覚駆動の自己移動感は弱くなってしまう．次第に，この重み付けが正常に戻るため，それに応じてベクションの強さが平常値に戻るのである．

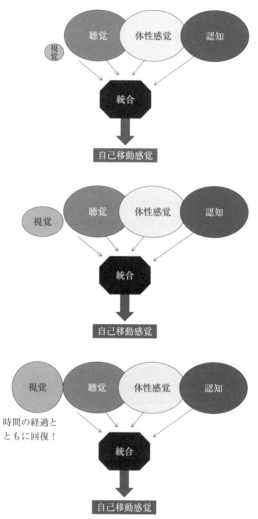

図7.4 視覚剥奪に順応すると視覚の重み付け（重要性）が下がる（上段）．順応から時間が経つと，平常状態（中段を経て下段）に戻っていく．

こういった，脳内で起こっているであろうメカニズムについて，大胆な推察を施せることが知覚心理学の魅力であり，ベクション研究の最大の魅力である．刺激とそれへの反応から，脳内のメカニズムを知ることができるのである．しかも，特別な機材は特に必要がないのだ．パソコン1台あれば刺激は作れる．ガンツフェルド眼鏡も，ピンポン球と板さえあれば簡単に作れてしまうものだ．高価な機材は特別に必要ないのである．すべてはアイデア次第である．

　この研究では，視覚剝奪状態で被験者を5分も歩かせる必要があった．はじめは，直接手を引こうかと思っていたのだが，肌に触れるのは抵抗がある被験者も多い．そこで，何か木の棒を

互いに持てばよいと考えた．すると，著者の卓上に，木の棒でできている「帽子置き」がたまたまあるのに気がついた．これが使えるかもと思って試してみたらバッチリだった．すべてはアイデア次第なのだ．特殊で特別な機材がなくても，ありあわせのもので心理実験はできるのだ！

⑧ VR研究とベクション

　ベクションはVR（バーチャルリアリティ）と相性が抜群な現象であると言える．ベクションそれ自体が，VRコンテンツとして近年人気が高いことは先に述べている．そのため，ベクション研究自体がVR研究であると言えてしまうのである．ここでは，その中でもおもしろいと思っていただけるような著者らの取り組みを4つ紹介したい．

8.1　バーチャル・スイミング

　妹尾，船津とパルミザノが2012年にMultisensory Research誌上で報告した実験[1]では，Microsoft社のキネクト（Kinect）という身体運動のセンシングマシンを用いて，新しいベクション刺激を作成した．キネクトで，平泳ぎする被験者の体の運動を検出し，その体の動きに対応して動くオプティカルフロー刺激を被験者に提示したのである．

　被験者は，オプティカルフローが提示される大画面プラズマディ

スプレイに正対して，その場で手と頭を動かし，平泳ぎの動作をする．すると，眼前のオプティカルフローが変化しながら拡散する．バーチャルな空間をあたかも自分自身で泳ぎながら前進していくような場面を制作したのである．手を大きく早くかけば，ドットが激しく早く拡散し，結果として大きく早く前進することができる．小さくかけば，反対にゆっくり小さく前進する．各被験者の体の動きに応じて，被験者が体とオプティカルフローの対応関係を自然に感じられるように，実験者が2つの対応関係を微調整してこのコンテンツを作成したのである．これによって，被験者はきわめて自然に，バーチャルな空間を自らの水かき運動で，あたかも泳ぐかのように前進していったのである．著者らはこのコンテンツを**バーチャル・スイミング**と呼ぶことにした（図8.1）．

心理学者は，作ったコンテンツを自ら心理実験で評価するという宿命にある．そこで，コンテンツ作成後に12人の被験者に協力してもらい，心理評価実験を行った．実験では，被験者が自分自身で平泳ぎの動きをして，自らの力で前進する条件と，平泳ぎの運動は一切せずに，被験者の体の動きとは完全に無関係に，オプティカルフローが拡散する条件の2つを用意した．つまり，能動的にフローを動かす条件と，受動的に動くフローを観察する条件の2つを比較したのである．

その結果，能動的に平泳ぎ運動でフローを動かす条件のほうが，受動的に動かずにフローを見ている条件よりも，より強いベクションが得られることが明らかになった．つまり，VR空間に対して積極的に・能動的に被験者自身が映像に絡むことができる場合に，ベクションが強くなったと言えるのである．

自分自身で泳ぐことで，バーチャルな空間に積極的に没入していけたことが，ベクションが強くなった原因であろうと推察できる．

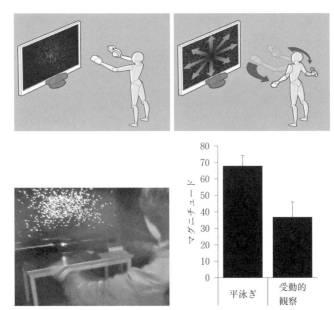

図 8.1 バーチャル・スイミングの模式図と実際の被験者の様子
右下は，平泳ぎをする条件としないで受動的に観察する条件で得られたベクションの主観的強度の結果．

　ベクションは，それを引き起こす刺激への没入感が強いほど，効果的に生じるものであると考えられる．ここから，VR コンテンツとしての質の高さとは，まさにベクションの強度の強さそのものであると言えるかもしれない．ベクションの強さは，コンテンツのおもしろさの大きな指標になるだろう．

　この研究計画では，当時学生だった船津文弥さんがバリバリのプログラマーだったため，彼のプログラムスキルを活かす研究をしたいと思っていた．そこで実験のアイデアがまとまったところで「こんなの作れる？」と船津さんに聞いたところ，「簡単っすよ！」と

いって数日で実験プログラムを作ってくれた．毎年個性溢れる学生と出会うのだが，彼の圧倒的なプログラムスキルを越える人材には，彼以降未だ出会っていない．

8.2 没入できるベクション・コンテンツ

次に，もうひとつ「ベクション実験を VR コンテンツ化してしまう」試みを紹介したい．妹尾と吉永（2016, 日本バーチャルリアリティ学会論文誌[2]）では，ダンボールで作られた簡易型ヘッドマウントディスプレイ（簡易型 HMD）である「ハコスコ」という，段ボール製の付け眼鏡（VR 空間ののぞき眼鏡）のようなものと，アンドロイドの携帯端末の組合せによって，ベクション刺激に没入できるというコンテンツを作成した．段ボール製ののぞき眼鏡は，通販サイト（アマゾンなど）で 1500 円程度で購入することができる．アンドロイドの携帯端末は，すでにお持ちの方も多いと思う．（現状では，iPhone シリーズに対応したアプリをまだ作れておらず，それが目下の著者らの重要課題である．）

携帯端末には，先に示した拡散するドットによるオプティカルフローが提示されており，これに視差がついた左右それぞれの刺激を左右眼に提示し分けることで，一定の奥行きをもったバーチャルな空間を見ることができる（図 8.2）．被験者は，のぞき眼鏡を通して手前にも奥にも，さらに上にも下にも，数百メートルに渡って広がるバーチャルな空間を見ることができる．そして，このバーチャルな空間には無数にドットが存在し，それが一定方向に向かって流れ続けているのである．さらに，頭部や体位に合わせて，見ることができるドットの流れの部分，場所が変化した．上を見上げれば，前方から後方に流れるフローを下から仰ぎ見ることができ，左右にくるくると頭を回せば，フローの流れの内で観察できる場所も，くる

図 8.2 没入型のベクション刺激

グーグルカードボードという段ボール製の簡易なのぞき眼鏡と，アンドロイド携帯端末の組合せ．携帯端末には，左右眼に対応した視差がついた拡散オプティカルフローが提示された．

くると対応して変化する．つまり，被験者はバーチャルな空間に広がっているベクション刺激の中に没入してしまうことができるのである（図 8.3）．

シミュレーションしたドット刺激の空間

図8.3 没入型ベクション刺激の模式図と，体験中の被験者の図

のぞき眼鏡を付けて，ぐるぐると頭部を回転しているところを示している．観察者（被験者）を包み込むようなバーチャル空間をシミュレーションし，その空間を，段ボール製のぞき眼鏡を通して見る．のぞき眼鏡は，リアルの空間とバーチャルな空間をつなぐ窓の役目を果たし，あちこちぐるぐると首を回すことで，バーチャルな空間に完全に没入することができる．

著者らはこのコンテンツで心理実験を行った．上記したように，ベクション空間に没入できる条件と，オプティカルフローが自身の体の動きに一切対応せずに，常に一定の形で拡散しているだけの刺激の統制条件とを比較した．この条件では，アンドロイド端末上に拡散するドットを提示しただけで，顔や体の動きに対応して見える部分が異なるということはなかった．つまり，ベクション刺激への没入が行えなかったのである．従来の技術では，この統制条件のみが実現可能であったが，携帯端末の加速度検出機能を援用することで，没入型刺激の実現が可能になったのである．

著者らは，ベクションの主観的強度を口頭で報告させ，それを記録した．その結果，ベクション刺激に没入できる最新の条件，すなわち頭部や体の運動を行うことで積極的に空間に没入できた条件において，それができない従来のベクション刺激に比べて，ずっと強いベクションが得られることがわかった．

新しい技術は，より強いベクションを引き起こした．バーチャル

空間へ没入できる程度が高いほど，そこから得られるベクション は強くなるのである．この刺激は，携帯端末アプリとして**妹尾研の ホームページ（senotake.jp）**から無料配布しているので，ぜひと も一度体験されたい．実際に体験することで，ベクション刺激に没 入するということの意味がよく理解できると思う．

　ベクションは，それを引き起こす刺激への没入感が強いほど，効 果的に生じるものであるという著者らの考えがここでも，再度支持 されたと言えるのかもしれない．

　この実験は，サマースクールという九州大学へ短期留学に来てい たインドネシアのデニーさんとアルフィさん，タイのソラダさんと 共同で行った．知覚心理学という学問が祖国に根付いていない人た ちが，人生ではじめてそれとふれあうものだった．彼らの国でいつ か知覚心理学が花開くと良いなあと思いながら，楽しく実験を行っ た．彼らとは今でも交流があり，東アジアから嬉しい便りが折々に 届く．

8.3　バーチャル地震

　上に紹介した没入型ベクション刺激を応用して，防災に貢献する VR 研究を行った．それは地震を，VR 刺激を用いて体感するとい うものである．没入型の刺激が持っている高い臨場感を効果的に用 いることで，リアルな地震体験をバーチャルに実現することができ た．

　地震を VR 施設で体験するという試みはこれまでにいくつか存在 している．たとえば，大阪市立阿倍野防災センターには地面が揺れ るのと合わせて，映像が揺れるバーチャル地震施設が存在してい る．

　この施設のように，地震を VR 設備で再現することにはいくつか

の意義がある．第一に，防災意識の向上がある．地震をVRで体験することで実際の地震に対する心構え，すなわち防災意識が形成できるのである．第二に，恐怖感を減らすことができる．実体験することがほぼない大地震をVR施設で繰り返し体験しておくことで，実際に被災した際の強い恐怖感を少しでも和らげ，予防することができるようになる．想像できないほどの大地震であるが故の「必要以上の恐怖感」を抑え込むという利点がありうる．

しかし，実際に地面が揺れる施設を個人や大学の研究室レベルで再現することは金銭的にも，設備面の制約からも厳しい．そこで，視覚刺激だけでも大地震を再現し，それをVR体験してもらえないかと考えた．先に示した没入型ベクション刺激を大地震の映像にすることで，視覚だけではあるが大地震を体験することが可能になるのである．

まず被験者を招く実験室の360度全周囲画像を市販のTHETAというカメラで取得する．次に，その映像をアンドロイド携帯の端末で左右眼に提示する．これを段ボール製ののぞき眼鏡で見ると，眼前に部屋の様子が提示される．頭部を回転させたり，上下動させると，それに対応して部屋の内部の見える場所が変わる．自分の背中側の部屋の様子であっても，ぐるっと頭を回せば見ることができた．つまり，バーチャルな部屋の中にズッポリと没入できたのである．

そしてその没入状態から，次にその部屋の画像を上下左右に大きく揺らすことで地震を再現した．これによって，あたかも地震のさなかに没入しているような疑似体験をすることができる．

さらに，360度全周囲画像をTHETAで撮りさえすれば，どんな環境，どんな部屋であってもこのバーチャル地震が体験できるようにプログラムを作成した．つまり，THETAさえ持っていれば，自

分が普段生活している「その部屋の大地震」を再現できるコンテンツなのである．

　この自前の部屋でバーチャル地震を体験できることは，恐怖感の抑止，平素からの防災意識の向上というバーチャル地震の意義に対してまっすぐ対応しているものと言えるだろう．まったく知らない部屋でバーチャル大地震を感じるよりも，実際に被災する可能性が高い自分自身の部屋でバーチャル地震を体験できることのメリットは大きい．

　先と同様に，著者は実験心理学者であるから，作るだけでは終わらない．そこで，バーチャル地震に対する心理評価を行った．バーチャル地震を4回繰り返し体験してもらい，その恐怖感と自己移動感（ベクション）の強さを，主観評価を用いて取得した．恐怖感とベクションの強さを0～100の値を用いて，点数を付けてもらったのである．非常に簡易な方法ではあるが，心理学のある種の醍醐味はこの簡便さにある．

　11名の被験者に参加してもらった結果，バーチャル地震に対する恐怖感は，試行数に伴って低減した．第1試行で得られた恐怖感が最も大きく，4試行目でそれは最小の値となった．一方で，バーチャル地震から得られたベクションは試行数に伴って増加した．第1試行のベクション強度が最小で，第4試行でのベクション強度が最大になったのである．

　このことから，地震なのか，自分がぴょんぴょんと跳ねているかという2つの可能な解釈のうち，地震ではなく自分の体の動きが画像の揺れの原因であると判断できればできるほど，恐怖感が減るという心理的な恐怖感減衰のアルゴリズムがあることが推察できる．

　いずれにしても，地震をVR機器で体験することで，恐怖感を低減させ，実際の被災時に対してポジティブな態度・対応が可能にな

8 VR研究とベクション

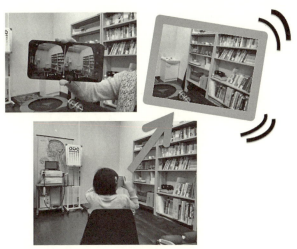

図8.4　没入型ベクション刺激を用いたバーチャル地震の模式図

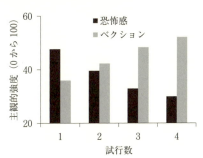

図8.5　バーチャル地震による，恐怖感とベクションの主観評価が試行数に伴ってどう変化するのかを明らかにした結果

　恐怖感は次第に低下し，反対にベクションは次第に増加することがわかった．

るのではないかと考えている．

8.4　SRを用いた追加実験

　さらに，バーチャル地震のリアルさをSR（Substitutional Reality，代替現実）の方法を用いて増大させ，その際の恐怖感とベクション強度を取得するという試みに挑戦した．SR とは，Suzuki らによる 2012 年の論文 [3] に基づくと，「映像の視聴者本人に気づかれずに『現実』をあらかじめ用意したものにさしかえる（substitute）仕組みと，その技術」のことである．先に提示した実験では，部屋の静止画を用いたが，動画を用いた追加実験を行ったのである．動画では，実験者である著者（妹尾）が登場し，部屋の隅で静かに立っていた．動画中の実験者は小刻みに体を揺すったり，手の位置を変えるなどして，動きが明確になるように絶え間なく動いた．実験は 4 試行を繰り返し行ったが，4 つの試行で，実験者が立っている部屋内での位置はすべて異なった．

　実験に際して，実験者は，先に録画した刺激動画と同じ服装，髪型，髭，靴で部屋に待機した．被験者にまず実験者の実物の姿をしっかりと認識させる時間として 5 分程度の会話のやり取りを行った．これによって，実験者の服装などが無意識に認識され，動画中のまったく同じ見た目と服装である実験者のことを，リアルタイムの映像であるという誤解を生じさせることに成功した．

　短い会話の後，段ボール製ののぞき眼鏡（ハコスコ）を眼前に構えた状態になるように被験者に教示した．構えが完了した段階から，画面上に 20 秒間のカウントダウンが提示された．この間に実験者は選択した動画で，自分自身が現れるべき部屋の位置に移動した．その際，足音や物音，咳払いによって，被験者が実験者の移動を感知できるようなヒントをできる限り与えた．カウントダウン終了後，地震動画が 30 秒間に渡って提示された．この間，実験者と被験者の双方は一切言葉を発しないように教示されていた．

　この手続きによって，被験者は提示動画が現在の部屋の様子であると勘違いした．事前に録画された地震動画ではなく，現在リアル

図8.6 SR刺激で用いた動画

中央の実験者（著者）は小刻みに体を動かしている．実験開始前に，実験者はこの動画中の自分（実験者）とまったく同じ服装，髪型，をして被験者と会話を行った．これによって，被験者は，今のぞき眼鏡越しに見ている映像がリアルタイムの部屋の様子であると勘違いを起こした．

タイムで段ボール製ののぞき眼鏡越しに観察している部屋と実験者が揺れているという錯覚（SR体験）が生じたのである．

　実験後に，内観報告を求めた結果，12名中6名は，はじめから最後まで，のぞき眼鏡越しに見ている映像がリアルタイムのそれであると，完全に勘違いしていた．彼らは，まったく勘違いしていることに気がつかなかったと報告した．残りの6名は，リアルタイムの映像ではないかもしれないと疑いを持った者，リアルタイムではないとはっきり気がついたものの終始違和感を感じ続けた者などがいた．なお，SRをまったく感じなかった被験者は0名であった．

　先の実験の条件をVR条件と呼び，そのVR条件と，追加実験のSR条件の恐怖感の変遷の結果を図8.7に提示した．SR条件でもVR条件と同じく，恐怖感の減衰が確認されたが，その程度はVR

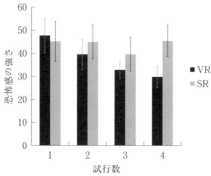

図 8.7　先の実験と追加実験の SR 条件における，恐怖感の変遷
特に第 4 試行の灰色のバーに注目すると，SR 条件では恐怖感が減衰しきっていないことがわかる．

条件に比べて弱いものであった．特に第 4 試行における恐怖感の低減は，SR 条件では VR 条件よりも生じていなかった．

　SR のような新しい概念とベクションという現象は非常に親和性の高い組み合わせであり，VR 技術の進展がベクション研究に進展をもたらすことが，この SR 条件の追加実験からも明らかになった．今後，さらなる発展的，応用的な実験が期待される．

　この実験は 2016 年の熊本地震の直後に発案したものである．知覚心理学は実学ではない，基礎研究だからすぐに社会の役に立たない．これは確かに知覚心理学の一面だ．しかし，工夫とアイデア次第では社会にすぐに役立ちうる実験をすることは可能である．現状では，この研究はまだ実社会に何もインパクトを与えていない．しかし，今後そうなるように努力することはできるはずだ．少しでも知見を役立ててもらえるように現在尽力中である．

8.5 被験者の一般没入傾向とベクションの感じ方

これら VR 心理実験の結果を一言でまとめれば，ベクションに対して没入できる条件でベクションの強度が大きくなったと言えるだろう．それでは，コンテンツを楽しむユーザ側の性格特性として，「没入傾向」はベクションの感じ方に影響を及ぼすだろうか．妹尾と永田（2016, 日本バーチャルリアリティ学会論文誌 [3]）では，性格特性としての一般没入傾向をきわめてシンプルな質問紙によって算出した．

実験では，4つの項目によって，その人物のベクションに限定されない一般的な没入傾向について質問を行った．質問の中身は，具体的には下記の4つであった．

「音楽にのめり込みやすい．」
「映画にのめり込みやすい．」
「いろいろなことにのめり込みやすい．」
「集中力が強いと思う．」

これらについて「まったく当てはまらない」から「とてもよく当てはまる」の6件法で回答を求めた．同時に，4試行からなるベクション実験を行い，被験者が感じたベクションの強度を算出した．

その結果を図 8.8 に示した．潜時では，ベクション強度と一般没入傾向は無相関であったが，持続時間とマグニチュードでは一般化傾向と有意な相関を示した．つまり，ベクションをコンテンツとして楽しむ際には，そのユーザ（観察者）自身がどの程度，物事に没入しやすいかによって感じられるベクションの強さが変わるということである．物事にのめり込みやすいほど，ベクションを強く感じ

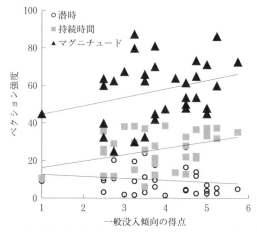

図 8.8　没入傾向の強さと感じられたベクションの強度との相関関係

やすくなるのである．ここからもやはり，ベクションの強弱は，つまるところ刺激への没入感の度合いで説明できると推察される．

　この研究では，多くの人に「そんな簡素なやり方で没入傾向を測っていいのですか？」と質問された．著者の答えは「いいんです！」だ．簡素で，シンプルであっても，本質は突いている．それに誰もできていないことだから，とっかかりとしてはこれくらい単純な方法であっても，爪痕を残すくらいのことはできるはずだと思っている．この大雑把であるが，圧倒的に大胆な方法論は，知覚心理学が本来持っている魅力のひとつだと個人的には信じている．

　以上が，VR によるベクションの心理実験である．ベクションそのものが VR コンテンツとして成り立つため，ベクションの実験はすべて VR 研究の一例となりうるのではあるが，コンテンツとして今後も残るほどユーザに楽しんでもらえるものはまだまだ数が少ない．今後，ベクション研究への参入者が増加することで，VR コン

テンツとしてのベクションの価値に，さらなる発展があることを期待している．

8.6 VRとベクションのまとめ

　繰り返しになるが，ベクションとVR研究はきわめて高い親和性を持っている．ベクション自体がVRコンテンツとして成立するものであり，その研究はすべからくVR研究と考えることができる．しかし，実はこのことは，ベクションだけに当てはまらないのではないかと著者は考える．（知覚）心理学は，実はVRと相性がよい．新しいVRコンテンツは，すべて新しい知覚現象として心理実験で評価すべき対象となるからだ．

　VRの研究者は「作る」ことが好きである．一方で，そのできたものを評価するという作業は「作る」作業に比べてまだまだ少ない．往々にしてVR研究者は，その評価する作業を心理学者に求めている．ここには非常に大きなデマンドが常に存在しているのである．ここに，「VR心理学者」の存在が必要になるのである．心理学の歴史の中には，さまざまなものの心理評価をするノウハウが詰まっている．たとえば，異性の顔の魅力度を評価したり，金銭的欲求や食欲の大きさを評価するためのノウハウがたくさんあるのだ．これらを適切にVRコンテンツに援用していくことができるような，VRだけでも，心理学だけでもない，「VR心理学者」という貴重な存在が求められているのである．

　さらに，適切にコンテンツを評価することは，「次に何をどう作る？」という疑問に対しても，適切な指針を与えることができる．作る側と評価する側が両輪となって，VR研究を進展させていくのである．

　個人的には，評価一辺倒ではなく，ここで示したように心理学者

も自身でコンテンツを作り，それを評価すれば最も美しいように思う．反対に，VR学者が自ら心理評価を行ってもよい．いずれにしても，コンテンツの開発とその心理評価がセットになることで，きわめて強い推進力で研究を進めていくことができるようになるのである．技術とヒトは車の両輪なのだ．

　読者の皆さんが，この節に興味を持たれたならば，ぜひVR心理学の輪に加わってほしい．皆さんの熱い想いをお待ちしている．

付録　ベクション動画の作り方講座！

　この節では，ベクション刺激・ベクション動画の作り方をレクチャしたい．

　まずもっとも簡単な方法から．Microsoft 社のパワーポイントというプレゼンテーション用のソフトウェアを用意してもらいたい．このソフトには，アニメーションという機能があるのだが，Windows 用のアニメーション機能の充実ぶりに比べて，Mac 用の機能はあまり使えない仕様になっている．そこで，ベクション刺激を簡単に作るには，Mac のマシンよりも，Windows のマシンを用意して頂いた方がよいかもしれない．

　スライドの作成場面で，画面中にいくつか垂直な線を等間隔に並べてほしい．垂直の線は，スライドの上下幅よりも少しでよいので，大きくするのがポイントだ．さらに，スライドの範囲から左右にはみ出した位置にも垂直線を配置しておくとよいかもしれない．この垂直線を同時に，右に動かすようにアニメーションで設定すれば，ベクション刺激は完成だ（図 1）．アニメーションの繰り返しを指定しておけば，右方向に流れるフロー刺激となる．白背景に黒線でも構わないが，もし効果を大きくしたいならば，黒背景を指定して，線を白色で描くとよい．これをスクリーンなどに大きく映し出せば，ベクションを十分に感じることができるだろう．

　同様に，スライド上に円形を重ねて描く．円は，その直径が次第に大きくなるようにアニメーションで設定する．次第に大きくなる円を画面中央に配置し，初期の大きさが異なるように，5つ 6つほ

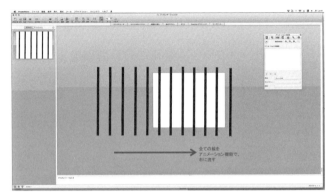

図1　パワーポイントでのベクション動画作りの一例
(Windows がよいと言っておきながら,写真は自前の Mac の作業環境を写したものになっている点はご愛嬌.)

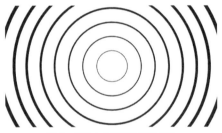

図2　拡散する円刺激の模式図

ど円を設定する．これを再生の繰り返し設定のもとに見れば，拡散するオプティカルフロー刺激となる（図2）．

　次に，最も複雑ではあるが，美しい仕上がりになる方法を紹介する．それは，3D-CG で描くことである．特に，3D の CG 制作で，この 20 年安定して最もよく使われているプログラミング言語に「オープン・ジーエル」（OPEN GL）というものがある．この言語を勉強して習得すれば，3次元空間をパソコンで描くことが容易に

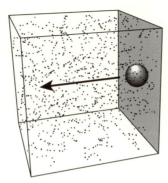

図3 ドットで満たされた空間を視点が移動していく様子

なる．著者も20代の頃は，この言語を使ってベクション刺激を描いていた．プログラム上でのオプティカルフローの詳細な書き方は本書の範疇を越えるため省略したい．しかし，概念的な説明だけでも記載しておこう．

はじめに，任意の大きさの空間を作る．たとえば20メートル四方のキューブを作る．次に，その空間の中に静止している小さな球をたくさん配置していく．20メートル四方の空間に大きさが数センチの球を配置する場合，数万単位の数で球を配置することになる．最後に，この空間の中で視点を移動させる．配置した球を動かすのではなく，視点，つまりカメラの方を動かすのがミソである（図3）．こうすると，静止している球が，自分に迫りながら広がっていく，拡散のオプティカルフローが制作できるのである．これがプログラムを活用した場合のオプティカルフローの最善な作り方である．さらに，著者の場合，再生を無限に行えるように，視点の移動で，シミュレーションした空間の限界まできてしまったら，また始めの視点の位置に戻るように設定した．つまり，終点と始点がつながっている空間を制作したのである．これによって，再生を原理

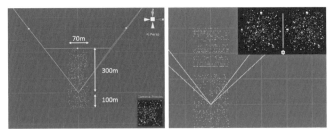

図4 Unityで制作したオプティカルフローの模式図（吉永崇氏作成）

上無限に長い時間で行えるようになっている．

　もうひとつ，プログラムを用いた方法で，著者の共同研究者である吉永崇さんが作ったサンプルを見てみよう．彼はUnityというプラットフォームを用いて，オプティカルフローを制作した．彼の場合，左図のように70 m×400 mの空間を作り，その中を球（実際にはキューブ）で満たした．このキューブを前方から後方へと流し続けることで，拡散するオプティカルフローを実現している（図4）．空間から消えてしまった球は，また正面から出てくることで，無限の再生を可能にしている．吉永さんはさらに，この空間を見ている眼を，右目と左目に分けて考えて，それぞれに対応した視差をつけて映像を描いた．これによって，左右の目に異なる映像が映し出され，3次元の構造が知覚されるようにしたのである．

　最後に，プログラミングを学ばずとも，比較的簡単に作る方法を紹介したい．パワーポイントで作るよりも手間がかからず，それでいて，プログラムを使っているかのような美しさに仕上げることができる，両者の中間的な方法である．それは，Adobeのソフト「After Effects」を用いる方法だ．このソフトは元々，動画をやさしく簡単に，それでいて美しく制作するために開発されたものである．つまり，一般の人がベクション動画制作を行うという目的に，

非常に合致したものだと言えるのだ.

　点が拡散していくオプティカルフロー動画は,StarBurst というツールで作ることができる.プロジェクトに拡散させたい点の色の平面レイヤーを追加し,StarBurst を選択すると自動的に点が拡散する動画を製作してくれる.より細かい設定をしたいときは,Scatter で点の密度を,Speed で点が飛んでいく速さを,GridSpacing で点の大きさと密度を,Size で点そのものの大きさを変えることができる(図5).先のプログラムで描く場合には,そ

図5　After Effects で Starburst という関数を用いて,拡散ドットのオプティカルフローを作っている様子

れら球の配置や視点の移動を，すべてプログラム言語で書き上げるという困難さがあったが，この After Effects では，それらをトッププルダウンにある関数をポチポチと選択してクリックするだけでできてしまうのである．プログラムとの最大の違いは，この簡易さである．ソフトさえ使い方を把握してしまえば，難しい勉強は不要なのである．

　以上のように，ベクション動画の作り方は決してひとつではない．複雑さや仕上がりの美しさなどに応じて，さまざまな手法を用いればよいであろう．各人の目的，スキルの有無に応じて楽しみながら取り組める方法が最適であろう．ぜひ一度，皆さんにも自分自身でベクション動画の制作にトライしてみてほしい．思った以上に楽しい時間になるはずだ！

引用文献

第1章

1. Gibson, J. J. (1966). The senses considered as perceptual systems. Boston, MA: Houghton Mifflin.
2. Seno, T., & Fukuda, H. (2012). Stimulus meanings alter illusory self-motion (vection) ——Experimental examination of the train illusion. *Seeing & Perceiving*, 25(6), 631-645. doi: 10.1163/18784763-00002394
3. Väljamäe, A. (2009). Auditorily-induced illusory self-motion: A review. *Brain Research Reviews*, 61(2), 240-255. doi: 10.1163/18784763-00002394
4. Sakamoto, S., Osada, Y., Suzuki, Y., & Gyoba, J. (2004). The effects of linearly moving sound images on self-motion perception. *Acoustical Science &Technology*, 25(1), 100-102. doi: 10.1250/ast.25.100
5. Murata, K., Seno, T., Ozawa Y., & Ichihara, S. (2014). Self-motion perception induced by cutaneous sensation caused by constant wind. *Psychology*, 5(15), 1777-1782. doi: 10.4236/psych.2014.515184
6. Mast, F. W., Berthoz, A., & Kosslyn, S. M. (2001). Mental imagery of visual motion modifies the perception of roll-vection stimulation. *Perception*, 30, 945-957. doi:10.1068/p3088
7. Helmholtz, H. (1962). Treatise on Physiological Optics Vol. III. New York. (Translated from the third German edition)

第2章

1. 德永康祐・小川将樹・池畑諭・増田知尋・妹尾武治.（2016）日本のアニメーション作品中に見られるベクションシーンのデータベースの作成と，心理実験による評価. 日本バーチャルリアリティ学会論文誌, 21(1), 35-47.

第4章

1. Apthorp, D., & Palmisano, S. (2014). The role of perceived speed in vection: Does perceived speed modulate the jitter and oscillation advantages? *PLoS One*, 9(3): *e*92260, 1-14. doi: 10.1371/journal.pone.0092260

2. Bonato, F., & Bubka, A. (2006). Chromaticity, spatial complexity, and self-motion perception. *Perception*, 35(1), 53-64. doi: 10.1068/p5062

3. Brandt, T., Dichgans, J., & Koenig, E. (1973). Differential effects of central versus peripheral vision on egocentric and exocentric motion perception. *Experimental Brain Research*, 16(5), 476-491. doi: 10.1007/BF00234474

4. Bubka, A., Bonato, F., & Palmisano, S. (2008). Expanding and contracting optic-flow patterns and vection. *Perception*, 37(5), 704-711. doi: 10.1068/p5781

5. Bonato, F., Bubka, A., Palmisano, S., Phillip, D., & Moreno, G. (2008). Vection change exacerbates simulator sickness in virtual environments. *Presence*, 17(3), 283-292. doi: 10.1162/pres.17.3.283

6. Bubka, A., & Bonato, F. (2010). Natural visual-field features enhance vection. *Perception*, 39(5), 627-635. doi: 10.1068/p6315

7. Gurnsey, R., Fleet, D., & Potechin, C. (1998). Second-order motions contribute to vection. *Vision Research*, 38(18), 2801-2816. doi: 10.1016/S0042-6989(97)00456-2

8. Mohler, B. J., Thompson, W. B., Riecke, B., & Bülthoff, H.

H. (2005). Measuring vection in a large screen virtual environment. *APGV* 2005 *Proceedings of the 2nd Symposium on Applied Perception in Graphics & Visualization*, 103-109. doi: 10.1145/1080402.1080421

9. Nakamura, S. (2010). Additional oscillation can facilitate visually induced self-motion perception: The effects of its coherence and amplitude gradient. *Perception*, 39(3), 320-329. doi: 10.1068/p6534

10. Nakamura, S., Seno, T., Ito, H., & Sunaga, S. (2013). Effects of dynamic luminance modulation on visually induced self-motion perception: Observers' perception of illumination is important in perceiving self-motion. *Perception*, 42(2), 153-162. doi: 10.1068/p7321

11. Nakamura, S., Seno, T., Ito, H., & Sunaga, S. (2010). Coherent modulation of stimulus colour can affect visually induced self-motion perception. *Perception*, 39(12), 1579-1590. doi: 10.1068/p6793

12. Ogawa, M., & Seno, T. (2014). Vection is modulated by the semantic meaning of stimuli and experimental instructions. *Perception*, 43(7), 605-615. doi: 10.1068/p7639

13. Palmisano, S., Allison, R. S., Kim, J., & Bonato, F. (2011). Simulated viewpoint jitter shakes sensory conflict accounts of vection. *Seeing & Perceiving*, 24(2), 173-200. doi: 10.1163/187847511X570817

14. Palmisano, S., Allison, R. S., Schira, M. M., & Barry, R. J. (2015). Future challenges for vection research: Definitions, functional significance, measures, and neural bases. *Frontiers in Psychology*, 6: 193, 1-15. doi: 10.3389/fpsyg.2015.00193

15. Palmisano, S., & Kim, J. (2009). Effects of gaze on vection from jittering, oscillating, and purely radial optic flow. *Attention, Perception, & Psychophysics*, 71(8), 1842-1853. doi: 10.3758/APP.71.8.1842

16. Palmisano, S., & Chan, A. Y. C. (2004). Jitter and size effects on vection are immune to experimental instructions and demands. *Perception*, 33(8), 987-1000. doi: 10.1068/p5242

17. Riecke, B. E., Schulte-Pelkum, J., Avraamides, M. N., von der Heyde, M., & Bulthoff, H. H. (2006). Cognitive factors can influence self-motion perception (vection) in virtual reality. *ACM Transactions on Applied Perception*, 3(3), 194-216. doi: 10.1145/1166087.1166091
18. Riecke, B. E., Feuereissen, D., Rieser, J. J., & McNamara, T. P. (2011). Spatialized sound enhances biomechanically-induced self-motion illusion (vection). *In Proceedings of the SIGCHI Conference on Human Factors in Computing Systems, CHI* 2011, 2799-2802. doi: 10.1145/1978942.1979356
19. Riecke, B. E., Väljamäe, A., & Schulte-Pelkum, J. (2009). Moving sounds enhance the visually-induced self-motion illusion (circular vection) in virtual reality. *ACM Transactions on Applied Perception*, 6(2): 7, 1-27. doi: 10.1145/1498700.1498701
20. Seno, T., Ito, H., & Sunaga, S. (2009). The object and background hypothesis for vection. *Vision Research*, 49(24), 2973-2982. doi: 10.1016/j.visres.2009.09.017
21. Seno, T., Ito, H., & Sunaga, S. (2011). Attentional load inhibits vection. *Attention, Perception & Psychophysics*, 73(5), 1467-1476. doi: 10.3758/s13414-011-0129-3
22. Seno, T., Abe, K., & Kiyokawa, S. (2013). Wearing heavy iron clogs can inhibit vection. *Multisensory Research*, 26(6), 569-580. doi: 10.1163/22134808-00002433
23. Seno, T., & Fukuda, H. (2012). Stimulus meanings alter illusory self-motion (vection) ― Experimental examination of the train illusion. *Seeing & Perceiving*, 25(6), 631-645. doi: 10.1163/18784763-00002394
24. Seya, Y., Yamaguchi, M., & Shinoda, H. (2015). Single stimulus color can modulate vection. *Frontiers in Psychology*, 6: 406, 1-12. doi: 10.3389/fpsyg.2015.00406

25. Shirai, N., Imura, T., Tamura, R., & Seno, T. (2014). Stronger vection in junior high school children than in adults. *Frontiers in Psychology*, 5: 563, 1-6. doi: 10.3389/fpsyg.2014.00563
26. Shirai, N., Seno, T., & Morohashi, S. (2012). More rapid and stronger vection in elementary school children compared with adults. *Perception*, 41(11), 1399-1402. doi: 10.1068/p7251
27. Nakamura, S., & Shimojo, S. (1998). Stimulus size and eccentricity in visually induced perception of horizontally translational self-motion. *Perceptual & Motor Skills*, 87(2), 659-663. doi: 10.2466/pms.1998.87.2.659
28. Nakamura, S., & Shimojo, S. (1999). Critical role of foreground stimuli in perceiving visually induced self-motion (vection). *Perception*, 28(7), 893-902. doi: 10.1068/p2939
29. Nakamura, S., & Shimojo, S. (2003). Sustained deviation of gaze direction can affect "inverted vection" induced by the foreground motion. *Vision Research*, 43(7), 745-749. doi: 10.1016/S0042-6989(03)00081-6
30. Ash, A., & Palmisano, S. (2012). Vection during conflicting multisensory information about the axis, magnitude and direction of self-motion. *Perception*, 41(3), 253-267. doi: 10.1068/p7129
31. Ash, A., Palmisano, S., Govan, D. G., & Kim, J. (2011a). Display lag and gain effects on vection experienced by active observers. *Aviation, Space, & Environmental Medicine*, 82(8), 763-769. doi: 10.3357/ASEM.3026.2011
32. Ash, A., Palmisano, S., & Kim, J. (2011b). Vection in depth during consistent and inconsistent multisensory stimulation. *Perception*, 40(2), 155-174. doi: 10.1008/p6837
33. Kano, C. (1991). The perception of self-motion induced by peripheral visual information in sitting and supine postures. *Ecological Psychology*, 3(3), 241-252. doi: 10.1207/s15326969eco0303_3

34. Ito, H., & Shibata, I. (2005). Self-motion perception from expanding and contracting optical flows overlapped with binocular disparity. *Vision Research*, 45(4), 397-402. doi: 10.1016/j.visres.2004.11.009

35. Kim, J., & Palmisano, S. (2008). Effects of active and passive viewpoint jitter on vection in depth, *Brain Research Bulletin*, 77(6), 335-342. doi: 10.1016/j.brainresbull.2008.09.011

36. Kim, J., & Palmisano, S. (2010). Visually mediated eye movements regulate the capture of optic flow in self-motion perception. *Experimental Brain Research*, 202(2), 355-361. doi: 10.1007/s00221-009-2137-2

37. Kim, J., Palmisano, S., & Bonato, F. (2012). Simulated angular head oscillation enhances vection in depth, *Perception*, 41(4), 402-414. doi: 10.1068/p6919

38. Allison, R. S., Zacher, J. E., Kirollos, R., Guterman, P. S., & Palmisano, S. (2012). Perception of smooth and perturbed vection in short-duration microgravity. *Experimental Brain Research*, 223(4), 479-487. doi: 10.1007/s00221-012-3275-5

39. Brandt, T., Dichgans, J., & Büchele, W. (1974). Motion habituation: Inverted self-motion perception and optokinetic afternystagmus. *Experimental Brain Research*, 21(4), 337-352. doi: 10.1007/BF00237897

40. Uesaki, M., Ashida, H. (2015). Optic-flow selective cortical sensory regions associated with self-reported states of vection. *Frontiers in Psychology*, 6: 775, 1-9. doi: 10.3389/fpsyg.2015.00775

41. Wada, A., Sakano, Y. Ando, H. (20156). Differential Responses to a Visual Self-Motion Signal in Human Medial Cortical Regions Revealed by Wide-View Stimulation. *Frontiers in Psychology*, 7: 309, 1-17. doi: 10.3389/fpsyg.2016.00309

42. 妹尾武治・小川将樹・徳永康祐・金谷英俊 (2016).「コップ水法」によるベクションの促進. 日本バーチャルリアリティ学会論文誌, 21(3),

411-414. doi: 10.18974/tvrsj.21.3_411
43. Ogawa, M., Ito, H., & Seno, T. (2015). Vection is unaffected by circadian rhythms. *Psychology*, 6(4), 440-446. doi: 10.4236/psych.2015.64041
44. Ogawa, M., & Seno, T. (2016). Vection strength can be socially modulated through conformity to the reported perception of others. *Transactions of the Virtual Reality Society of Japan*, 21(1), 23-29. doi: 10.18974/tvrsj.21.1_23
45. Ogawa, M., Seno, T., Matsumori, K., & Higuchi, S. (2015). Twenty-hour sleep deprivation does not affect perceived vection strength. *Journal of Behavioral and Brain Science*, 5(12), 550-560. doi: 10.4236/jbbs.2015.512052
46. 妹尾武治・永田喜子 (2016). 没入傾向とベクション強度は相関するか?:没入感に関する挑戦的研究. 日本バーチャルリアリティ学会論文誌, 21(1), 3-6.
47. Seno, T., Palmisano, S., & Nakamura, S. (2016). Effects of prior walking context on the vection induced by different types of global optic flow. *The Visual Science of Art Conference*, Barcelona, 26-27th of August, 2016.
48. Ogawa, M., Seno, T., Ito, H., & Okajima, K. (2016). Vection strength is determined by the subjective size of a visual stimulus modulated by amodal completion. International Conference of Psychology 2016, Yokohama, 24-29th of July, 2016.

第6章

1. Mach, E. (1875). Grundlinien der Lehre von den Bewegungsempfindungen. Engelman.
2. Brandt, T., Dichgans, J., & Koenig, E. (1973). Differential effects of central versus peripheral vision on egocentric and exocentric motion perception. *Experimental Brain Research*, 16(5), 476-491.

doi: 10.1007/BF00234474

3. Post, R. B. (1988). Circular vection is independent of stimulus eccentricity. *Perception*, 17(6), 737-744. doi: 10.1068/p170737

4. Nakamura, S. (2006). Effects of depth, eccentricity and size of additional static stimulus on visually induced self-motion perception. *Vision Research*, 46(15), 2344-2353. doi: 10.1016/j.visres.2006.01.016

5. Ito, H., & Shibata, I. (2005). Self-motion perception from expanding and contracting optical flows overlapped with binocular disparity. *Vision Research*, 45(4), 397-402. doi: 10.1016/j.visres.2004.11.009

6. Nakamura, S., & Shimojo, S. (2000). A slowly moving foreground can capture an observer's self-motion a report of new motion illusion: Inverted vection. *Vision Research*, 40(21), 2915-2923. doi: 10.1016/S0042-6989(00)00149-8

7. Nakamura, S., & Shimojo, S. (2003). Sustained deviation of gaze direction can affect "inverted vection" induced by the foreground motion. *Vision Research*, 43(7), 745-749. doi: 10.1016/S0042-6989(03)00081-6

8. Sauvan, X. M., & Bonnet, C. (1995) Spatiotemporal boundaries of linear vection. *Perception* & *Psychophysics*, 57(6), 898-904. doi: 10.3758/BF03206804

9. Palmisano, S., & Gillam, B. (1998). Stimulus eccentricity and spatial frequency interact to determine circular vection. *Perception*, 27(9), 1067-1077. doi: 10.1068/p271067

10. De Graaf, B., Weltheim, A. H., Bles, W., & Kremers, J. (1990). Angular velocity, not temporal frequency determines circular vection. *Vision Research*, 30(4), 637-646. doi: 10.1016/0042-6989(90)90074-U

11. Gurnsey, R., Fleet, D., & Potechin, C. (1998) Second-order motions contribute to vection. *Vision Research*, 38(18), 2801-2816. doi: 10.1016/S0042-6989(97)00456-2

12. Seno, T., Sunaga, S., & Ito H. (2010). Inhibition of vection by red.

Attention, Perception & Psychophysics, 72(6), 1642-1653. doi: 10.3758/APP.72.6.1642

13. Seya, Y., Yamaguchi, M., & Shinoda, H. (2015). Single stimulus color can modulate vection. *Frontiers in Psychology*, 6: 406, 1-12. doi: 10.3389/fpsyg.2015.00406

14. Bonato, F., & Bubka, A. (2006). Chromaticity, spatial complexity, and self-motion perception. *Perception*, 35(1), 53-64. doi: 10.1068/p5062

15. Ogawa, M., & Seno, T. (2016). Colorful stimuli might inhibit Vection. *Transactions of the Virtual Reality Society of Japan*, 21(1), 31-33.

16. Nakamura, S., Seno, T., Ito, H., & Sunaga, S. (2010). Coherent Modulation of Stimulus Colour Can Affect Visually Induced Self-motion Perception. *Perception*, 39(12), 1579-1590. doi: 10.1068/p6793

17. Kitazaki, M., & Sato, T. (2003). Attentional modulation of self-motion perception. *Perception*, 32(4), 475-484. doi: 10.1068/p5037

18. Seno, T., Ito, H., & Sunaga, S. (2009). The object and background hypothesis for vection. *Vision Research*, 49(24), 2973-2982. doi: 10.1016/j.visres.2009.09.017

第7章

1. Heide, W., Koenig, E., & Dichgans, J. (1990). Optokinetic nystagmus, self-motion sensation and their aftereffects in patients. *Clinical Vision Sciences*, 5, 145-156.

2. De Jong B. M., Shipp, S., Skidmore, B., Frackowiak R. S. J., & Zeki, S. (1994). The cerebral activity related to the visual perception of forward motion in depth. *Brain*, 117(5), 1039-1054. doi: 10.1093/brain/117.5.1039

3. Brandt, T., Bartenstein, P., Janek, A., & Dieterich, M. (1998). Reciprocal inhibitory visual-vestibular interaction. Visual motion

stimulation deactivates the parieto-insular vestibular cortex. *Brain*, 121(9), 1749-1758. doi: 10.1093/brain/121.9.1749

4. Previc, F. H., Liotti, M., Blakemore, C., Beer, J., & Fox, P. (2000). Functional imaging of brain areas involved in the processing of coherent and incoherent wide field-of-view visual motion. *Experimental Brain Research*, 131(4), 393-405. doi: 10.1007/s002219900298

5. Wiest, G., Amorim, M. A., Mayer, D., Schick, S., Deecke, L., & Lang, W. (2001). Cortical responses to object-motion and visually-induced self-motion perception. *Cognitive Brain Research*, 12(1), 167-170. doi: 10.1016/S0006-8993(01)02457-X

6. Kleinschmidt, A., Thilo, K. V., Büchel, C., Gresty, M. A., Adolfo, M., Bronstein, A. M., & Frackowiak, R. S. (2002). Neural correlates of visual-motion perception as object- or self-motion. *Neuroimage*, 16(4), 873-882. doi: 10.1006/nimg.2002.1181

7. Uesaki, M., Ashida, H. (2015). Optic-flow selective cortical sensory regions associated with self-reported states of vection. *Frontiers in Psychology*, 6: 775, 1-9775. doi: 10.3389/fpsyg.2015.00775

8. Wada, A., Sakano, Y., & Ando, H. (2016). Differential Responses to a Visual Self-Motion Signal in Human Medial Cortical Regions Revealed by Wide-View Stimulation. *Frontiers in Psychology*, 7: 309, 1-17309. doi: 10.3389/fpsyg.2016.00309

9. Seno, T., Palmisano, S., Riecke, B., & Nakamura, S. (2015). Walking without optic flow reduces subsequent vection. *Experimental Brain Research*, 233(1), 275-281. doi: 10.1007/s00221-014-4109-4

第8章

1. Seno, T., Funatsu, F., & Palmisano, S. (2013). Virtual swimming-Breaststroke body movements facilitate vection. *Multisensory Research*, 26(3), 267-275. doi: 10.1163/22134808-00002402

2. Seno, T., & Yoshinaga, T. (2016). A New Vection Stimulus: Im-

merse yourself in vection. *Transactions of the Virtual Reality Society of Japan*, 21(1), 193-196.

3. Suzuki, K., Wakisaka, S., & Fujii, N. (2012). Substitutional Reality System: A Novel Experimental Platform for Experiencing Alternative Reality. *Scientific Reports*, 2: 459, 1-9. doi: 10.1038/srep00459

4. 妹尾武治・永田喜子（2016）．没入傾向とベクション強度は相関するか？：没入感に関する挑戦的研究．日本バーチャルリアリティ学会論文誌,21(1), 3-6.

おわりに

　さあ，冒険も終わりのときを迎えた．皆さんはベクションについて，十分に理解されたのではないだろうか？　ベクションに関する総説書・解説書は，国内外を問わずほとんど存在しない．尊敬するベクション界の先人である中村信次先生による名著が一冊あるくらいだ．しかしながら，中村先生の著書からはかなりの時間が経ち，そろそろ新しい時代のベクションの総説書が必要だと著者は考えた．この総説が，次の10年20年で役立つ本として，科学業界・心理業界だけでなく，一般世間に広く読まれることを切に願っている．「ベクションなんて知らなかったけど，知ったら意外とおもしろいではないか？」そんな風に思って頂ける読者が一人でも多く生まれれば本望である．

　さて，ベクションの魅力とは一体何だったのか．著者なりに，魅力を列記してまとめてみたい．

　ベクションの魅力とは，

1. 時空間的な広がりを持っている．
2. 「バーチャル VS リアル」という軸を持っている．
3. 身体という軸を持っている．
4. 多感覚という軸を持っている．
5. 実社会で求められている．

　まず，時空間的な広がりがベクションの魅力である．ベクション

刺激にはさまざまに提示時間に幅を持たせることができる．40秒程度から長ければ10分以上という尺で刺激の提示がなされる．このことは，人間の認知や知覚の時間特性を調べる上で優れている．また空間的には，上下左右，斜め，前後のように自由自在に錯覚的な自己移動をさせることができる．これは，知覚心理学のトピックの中でもレアなケースであり，人間の知覚空間の特性を調べる上では，最適なツールのひとつであると言える．つまり，ベクションは知覚心理学において，とても「使える」現象と言えるのだ．心理学の発展を促す意味で，ベクションの研究の進展は多いに役に立ち，不可欠な存在と言えるだろう．

次に，バーチャルとリアルという軸も重要な利点だ．現在，世界的に，領域横断的で，学際的研究がその重要性を増している．そこで心理学は，VR学，工学，デジタル・ヒューマニティ（デジタル人文社会系研究）などと今後どんどんと交流して行かねばならない．学問の領域，線引き，住み分けとは本来は不要なもので，おもしろくて人間の役に立つ研究なら，領域に縛られてはいけないはずだ．この学際性について，ベクションはきわめて優れている．ベクション研究は，そのままVR研究になりうるし，工学的なアイデアと直接密接に結びつく．ベクションを研究すれば，それがそのまま学際的な研究になるとさえ言える．この点も，ベクション研究の利点であり，大きな魅力であると言える．

さらに身体という軸である．視覚に特化した現象ではなく，常に，身体と絡む．これがベクションの魅力である．ベクションは，目だけでなく体全体が動くのである．ここに身体性の根源がある．否応なく，体が動く現象であるが故に，身体のことを調べようと思ったときに，ベクションは役に立つのである．普通，身体を動かして実験をしようとすれば，広い空間や車，最低でも荷台のようなも

のを準備しなければならなくなる．しかし，ベクションにはそういった機材と準備は要らないのである．パソコン 1 台で，視覚と身体を同時に調べることができるのである．古くはギブソン（J.J. Gibson）が，視覚と身体との相互作用について研究を施しているが，ベクションとはまさにそこにいるのである．これまでに，身体の視点からのベクション研究はいくつかなされてきているが，まだまだ絶対数は少ないため，今後のさらなる発展が望まれる．

　また，多感覚という軸も大切である．知覚心理学の発展においては，視覚だけ，聴覚だけ，体性感覚だけの研究で終らず，それらがどのように統合されているのかが重要になってきている．ベクションをテーマに据えれば，自然と多感覚統合に直結した実験が行える．これもベクションの最大の魅力のひとつである．

　最後に，実社会で求められている，という点が挙がる．アニメーションなどの娯楽産業ではベクションが多用されている．このことは本書の冒頭で紹介している．さらに，これからは VR のルネッサンスで，没入型の VR 環境（たとえばプレーステーション VR など）が社会に進展すれば，ベクションの研究の重要性はより増すだろう．たとえば HMD（ヘッドマウントディスプレイ）を用いて動画を提示すれば，ベクションは不可避的に生じることになる．このベクションを効果的に，VR 酔い，映像酔いなどなく提示するためのノウハウが今後ますます必要になってくる．ベクション研究は 21 世紀に必須になるはずなのだ．

　以上が，ベクション研究が持っている利点であり，魅力であると著者は考えている．研究者を志す人には，ぜひともこの点を知っておいてもらいたい．もはやベクションはニッチではない．知覚心理学の主役に立ちうる存在なのだ！

　さて，ベクションの魅力を通して，知覚心理学の魅力と研究者人

生の魅力が少しでも皆さんに伝わっただろうか．ベクションは楽しく美しい，知覚心理学もまた魅力に溢れている．

　ベクションに幸あれ！

謝辞
　本書を書くにあたり，コーディネーターの青山学院大学の鈴木宏昭先生には，そもそもの執筆の機会を与えていただきました．さらに，何度も，的確でわかりやすい読後の感想と改稿の指針を与えてくださいました．辛抱強く，明るく励ましていただき，完成にまで導いてくださったことを心から感謝申し上げます．ありがとうございました．慶応大学の森将輝さんにも，繰り返し原稿をお読みいただきご意見をいただきました．森氏の丁寧で的確なご意見がなくてはこの本は完成しませんでした．心より御礼申し上げます．妹尾研でポスドクをしてくださっている藤井芳孝氏にも，改稿の参考になるご意見を多数いただきました．感謝申し上げます．首都大学東京の村田佳代子さん，慶応大学の小松英海先生には，とても粗い段階の原稿を読んでいただき，感想をいただくことで改稿の指針とさせていただきました．心より感謝を述べます．編集の石井徹也さんには，私の粗い原稿を，精緻でより読みやすいものへと的確に導いていただきました．ありがとうございました．最後に日々の生活を支えてくれる，家族の沙紀子と夏緒にも心より感謝します．

著者

ベクションが描き出す新しい人間像

コーディネーター　鈴木宏昭

　ベクションの旅はいかがだっただろうか．妹尾さんという，この分野のリーダーが用意した旅はずいぶんと楽しいものだったのではないだろうか．電車に乗った時，アニメを見た時，テレビを見た時，テーマパークに行った時に感じた，あの不思議な感覚がベクションなのだと納得できたと思う．そして，本書に触れる前には深く考えることもなかった，そうした体験のおもしろさ，研究の奥行き，広がりを感じられたのではないだろうか．また妹尾さんの凄まじいばかりの好奇心に圧倒されたり，楽しそうな妹尾研究室の雰囲気を感じ，この分野だけでなく，理系の研究室に魅力を感じた人も多いと思う．

　妹尾さんは東京大学で心理学の研究を始めた時から，九州大学准教授である現在まで，一貫してベクションの研究を続けてきた．この過程で驚くほどの数の論文を国内外で発表してきている．国際学術誌に査読を経て掲載された論文の数は50本ほどであり，この分野の40歳前の研究者としては異例（という言葉は軽すぎる気もするが）なほど多い．本書はそうした蓄積を，学問的な質を落とすことなく，初学者にもわかりやすく解説したものである．

　小難しい解説をつけて，せっかくの楽しい旅を最後に台無しにしないように，ごくごく簡単に私なりに解説を書いてみたい．

知覚心理学 = 文理融合の科学

　妹尾さんも本書で何度も言及しているが，ベクションの研究を含む知覚心理学は本当にエキサイティングな分野である．見える，聞こえる，感じることなしに生活は成立しない．こうした人間も含めた生き物の最も基本となる認知を扱うのが知覚心理学である．心理学はものすごく細分化が進んでおり，学会だけでも（…心理学会，心理…学会など）50ほどもあるが，知覚にかかわる心理学はその歴史が最も長く，実験系心理学ではおそらく最大の研究者数を誇っている．

　心理学というと文学部の中に置かれることが多いので，読者は文系の学問と思っていたかもしれない．しかし本書を読めばわかるだろうが，知覚系の心理学はかなり理系の度合いが高い．厳密な実験を計画，実施し，その結果を統計的に処理し，さらに数理的なモデルまで組み立てる．また実験にあたっては，さまざまな装置を自ら作り上げたりもする．つまり，心という柔らかい対象に，理系のハードな方法を用いるのが知覚心理学という学問なのだ．文理融合という言葉はもう人口に膾炙し，陳腐化しているが，知覚心理学はそんな言葉がまったくない時代からすでに文理の両方が融合した学問だった．

　本文を読めばわかるように，妹尾さんはベクションという主観的な感覚に，子供のような好奇心でのめり込むだけでなく，用意周到に実験を計画し，それを信頼性の高いさまざまな指標で測定する．そしてその結果を統計的に分析し，数理モデルを作り，シミュレーションを行う．またコンピュータを駆使して，さまざまな刺激を作り出すだけでなく，携帯端末を用いた簡易ヘッドマウントディスプレイの製作などまで行う．そういう次第だから，妹尾さんの研究は，まさにこの文理融合の見事な果実と言えるだろう．

知覚＝思考

さて，この知覚心理学がもたらした最も大事な知見は，妹尾さんが第1章で述べているように知覚が推論なのだということに尽きると思う．推論というのは，自分の持っている仮説＝前提と現在の状況から得られる情報を組み合わせて結論を出すという「思考」の一形態である．

具体例を挙げてみよう．バス停でバスを待っているが，いつまでたってもバスがやって来ない．この時，私たちは「道が混んでいるからだろうか」，「事故が起きたのだろうか」，「運行時間外なのだろうか」などいろいろな可能性を考える，つまりそう推論する．この日が日曜日ならば「道が混んでいる」という最初の可能性は捨てられ，2番目，3番目の可能性を考えるだろう．またこれが平日の朝の通勤時間であれば，3番目の「運行時間外」という可能性は排除され，1番目が候補となるだろう．これが推論である．だから「知覚が推論だ」というのは，上の例のようなことを考える時にやっていることと知覚が一緒だということだ．

ずいぶんと反常識的に思えるかもしれない．何かが見えたり，聞こえたりするのは一瞬で終わる話で，そんなに複雑にいろいろな可能性なんか考えてない，と思う人もいるだろう．あるいは目や頭に鏡のようなものがあって，それにものが写っているだけと考える人もいるかもしれない．

しかし，ベクションなどのさまざまな錯覚を含む知覚現象の研究を通して，知覚心理学が明らかにしてきたのは，どれほど非常識に思えても，知覚は推論と考えざるをえないということなのだ．第1章で述べられているが，「世界全体は動かない」という仮説＝前提と，特定の光の流れの情報（オプティカルフロー）が得られた時に，知覚システムは「自分が動いている」という結論を生み出す．

これがバス停の例と違うのは，そのプロセスが「無意識」で，高速に行われるという点にしかない．

知覚 ≠ 認識

知覚が思考，推論であるというのは何もベクションに限った話ではない．ベクションがおもしろいのは，「知覚が認識（だけ）ではない」ことを明確に伝えてくれる点にあると思う．大方の人は，知覚は何かを「認識する」ためにあると考えているのではないだろうか．目の前の物体を「カップ」と認識する．人混みの中で友人を認識する．こういうのが知覚と思っているのではないだろうか．でもそれは知覚の一側面でしかない．

視覚性失認という障害がある．これは，脳の視覚を担当するある部位が，病気や事故により損傷を受け，目の前のものが何であるのかがわからなくなってしまう障害である．ところがこの患者は，その見えない対象をつかんだり，それを用いた適切な行動ができたりする．たとえば，目の前のペンや紙が何かと訊ねられても答えられないが，「その用紙にサインをしてください」と言うと，躊躇なくペンに手を伸ばして摑み，用紙の適切な場所に自分のサインを書くことができたりする．

この研究は視覚を含む知覚が，認識のためだけにあるのではなく，行為のためにあるという大事な事実を教えてくれる．ずいぶんとびっくりする話だが，視覚を進化の観点から考えてみればそれほど不思議なことでもない．進化は適応的な行動を促す遺伝子に対して働く．捕食者が目の前にいた時に，「あ，捕食者だ」という認識を上手に行う遺伝子に対してではなく，それを逃げるという行為につなげる遺伝子に対して選択（淘汰）が行われる．こうした観点からすると，視覚を含めた知覚は行為のために存在するという側面が

露わになる.

　本書で取り上げられている数々のベクションの例は，こうした知覚と行為，運動との間の密接なつながりを最も端的に表している．ある特定の刺激のパターンが自分の運動・移動感覚をもたらす．さらにそれに応じた身体の動揺（微細な動き）を生み出すこともある．そしてこうした感覚や身体の変化が，また視覚刺激の受容の仕方を変える．それによってまた運動感覚が生み出されたりする．このように知覚は運動，行為と相互作用をしながら複雑なループを構成しているのだ．決して何かを何かと認識するためだけに存在しているのではない．

　本書にも登場したギブソンは，かれこれ半世紀以上も前にこれを指摘していたが，この再評価が行われ，知覚と行為の関連についての研究は劇的に増加し，身体性認知科学という新しい学問分野が生み出されることになった．さらにこれは実時間で適切な行動をとるロボットの設計原理ともなっている．ベクションの研究はこうした動向の大事な柱の1つとなることは間違いないし，妹尾さんがこれからもこの分野を引っ張っていくことも確実だろう．

ベクションとバーチャル・リアリティ

　バーチャル・リアリティ（VR）とは，人間が現実世界と間違えてしまうような空間，環境，あるいはそれを作りだす技術を指す．本書が出版される1年前の2016年はバーチャル・リアリティ元年と呼ばれた年であった．民生用品として安価なヘッドマウントディスプレイが販売されたり，ソニーのゲーム機にヘッドマウントディスプレイをつけることで家庭でもバーチャル・リアリティの世界を体験できるようになった．簡単に体験できるのは主にゲームなどの世界だが，バーチャル・リアリティは社会生活とも深く関係してく

る可能性がある．本書の「バーチャル地震」はまさにそれだろう．

　本書の読者には VR やポケモン Go で有名になった AR に興味を持つ人も多いと思う．ベクションの研究は，VR や AR に接した時に人が感じること，その強さ，臨場感などを扱ってきた．その意味で，ベクション研究がこれらに役立たないはずはない．本書で紹介された数々の研究の成果は，より没入感の高い人工的な環境を作り出すための必須事項だろう．また単に作って終わりにするだけでなく，本書で取り上げられているベクションの度合いを測定するための指標群を活用することを通して，さらに優れた人工環境の開発を進めていくこともできるだろう．

　妹尾さんが本書で述べてきたベクションについてのさまざまな知見は，ベクション自体のおもしろさを引き出すだけでなく，人間の新しい姿を描き出したり，新しい技術の開発を通して 21 世紀の社会を作り出したりすることにもつながる．本書を通して，この分野に関心を持つ人が増え，この研究のコミュニティが広がることを期待したい．

索引

【欧字】

fMRI　37,64
MST 野　63
MT 野　63
PIVC　63
SR（Substitutional Reality，代替現実）　81
SR 行動主義　24
S と R　24
Unity　92
VR　15,72
VR 心理学者　87
VR 酔い，映像酔い　25

【あ】

アニメーション　16,18,20,27
オープン・ジーエル（OPEN GL）　90
オプティカルフロー（Optical Flow）　5,15,55

【か】

回転ドラム　48
眼球運動　3,36,65
ギブソン, J.J.（J.J. Gibson）　1,108
逆転ベクション　53
行動反応（R: Response）　24,67

【さ】

視覚心理学　24
刺激（S: Stimulus）　24,67
自己移動感　1,3
自己移動感覚　1,8,69
持続時間　34,37,85
実験系心理学　111
実験心理学　23
シミュレーション　15,37,111
シミュレート　19
身体動揺　3,36
数理モデル　38,111
図と地　57
図と地仮説　58
潜時　37,85
前庭器官　1,3
前庭系　1,3
前庭系器官　4

【た】

多感覚　25,106
タンブリング・ルーム　44
知覚心理学　23,67,78,107,111
聴覚ベクション（Auditory Vection, AIV）　8
直流前庭刺激（Galvanic Vestibular Stimulation；GVS）　4
統合　11
統合処理　11

トレイン・イリュージョン　5

【な】

中村信次　49,106

【は】

バーチャル・スイミング　73
バーチャル地震　78
バーチャルリアリティ　25,72
ハワード，イアン　45
ビックリハウス　7,14
皮膚感覚性ベクション（Cutaneous Vection）　9,10
ブラント，トーマス（Thomas Brandt）　48,63
ベクション・シーン　16,19,20,27
ベクション・シーン・データベース　21

ベクションのモデル　37
没入　75
没入型ベクション刺激　79
没入感　16
没入傾向　85

【ま】

マグニチュード（主観的強度）　34,35,37,85
マグニチュード推定法　35
マッハ，エルンスト　48
マルチモーダル　16,26
無意識的推論　12,65

【ら】

臨場感　16
ローテーティング・ドラム　42,55

memo

memo

memo

著 者

妹尾武治（せのお たけはる）

2007 年　東京大学大学院人文社会系研究科基礎文化研究専攻博士課程単位取得退学
現　在　九州大学大学院芸術工学研究院 准教授 博士（心理学）
専　門　知覚（主に視覚）心理学

コーディネーター

鈴木宏昭（すずき ひろあき）

1988 年　東京大学大学院教育学研究科学校教育学専攻博士課程単位取得退学
現　在　青山学院大学教育人間科学部教育学科 教授 博士（教育学）
専　門　認知科学

共立スマートセレクション 16	著　者　妹尾武治　© 2017
Kyoritsu Smart Selection 16	コーディネーター　鈴木宏昭
ベクションとは何だ !?	
What is Vection?	発行者　南條光章
	発行所　共立出版株式会社
2017 年 5 月 25 日　初版 1 刷発行	郵便番号　112-0006
	東京都文京区小日向 4-6-19
	電話　03-3947-2511（代表）
	振替口座　00110-2-57035
	http://www.kyoritsu-pub.co.jp/
	印　刷　大日本法令印刷
	製　本　加藤製本
検印廃止	一般社団法人
NDC 141.27	自然科学書協会
	会員
ISBN 978-4-320-00918-9	Printed in Japan

JCOPY　<出版者著作権管理機構委託出版物>
本書の無断複製は著作権法上での例外を除き禁じられています．複製される場合は，そのつど事前に，
出版者著作権管理機構（TEL：03-3513-6969，FAX：03-3513-6979，e-mail：info@jcopy.or.jp）の
許諾を得てください．

見つかる（未来），深まる（知識），広がる（世界）

共立 スマート セレクション

本シリーズでは，自然科学の各分野におけるスペシャリストがコーディネーターとなり，「面白い」「重要」「役立つ」「知識が深まる」「最先端」をキーワードにテーマを精選しました。専門知識がなくとも読み進められるようにわかりやすく解説します。【各巻：B6判・並製本・税別本体価格】

❶ **海の生き物はなぜ多様な性を示すのか**
――数学で解き明かす謎――
山口 幸著／コーディネーター：巌佐 庸
・・・・・・・・・・176頁・本体1800円

❷ **宇宙食**――人間は宇宙で何を食べてきたのか――
田島 眞著／コーディネーター：西成勝好
目次：宇宙食の歴史／宇宙食に求められる条件／他・・・・・・126頁・本体1600円

❸ **次世代ものづくりのための電気・機械一体モデル**
長松昌男著／コーディネーター：萩原一郎
目次：力学の再構成／電磁気学への入口／物理機能線図／他・・・・200頁・本体1800円

❹ **現代乳酸菌科学**――未病・予防医学への挑戦――
杉山政則著／コーディネーター：矢嶋信浩
目次：腸内細菌叢／肥満と精神疾患と腸内細菌叢／他・・・・・・142頁・本体1600円

❺ **オーストラリアの荒野によみがえる原始生命**
杉谷健一郎著／コーディネーター：掛川 武
目次：「太古代」とは？／太古代の生命痕跡／他・・・・・・・・248頁・本体1800円

❻ **行動情報処理**――自動運転システムとの共生を目指して――
武田一哉著／コーディネーター：土井美和子
目次：行動情報処理のための基礎知識／行動から個性を知る／他 100頁・本体1600円

❼ **サイバーセキュリティ入門**
――私たちを取り巻く光と闇――
猪俣敦夫著／コーディネーター：井上克郎
・・・・・・・・・・240頁・本体1600円

❽ **ウナギの保全生態学**
海部健三著／コーディネーター：鷲谷いづみ
目次：ニホンウナギの生態／ニホンウナギの現状／他・・・・・・168頁・本体1600円

❾ **ICT未来予想図**
――自動運転，知能化都市，ロボット実装に向けて――
土井美和子著／コーディネーター：原 隆浩
・・・・・・・・・・128頁・本体1600円

❿ **美の起源**――アートの行動生物学――
渡辺 茂著／コーディネーター：長谷川寿一
目次：経験科学としての美学の成り立ち／美の進化的起源／他・・・164頁・本体1800円

⓫ **インタフェースデバイスのつくりかた**
――その仕組みと勘どころ――
福本雅朗著／コーディネーター：土井美和子
・・・・・・・・・・158頁・本体1600円

⓬ **現代暗号のしくみ**
――共通鍵暗号，公開鍵暗号から高機能暗号まで――
中西 透著／コーディネーター：井上克郎
目次：暗号とは？／他 128頁・本体1600円

⓭ **昆虫の行動の仕組み**
――小さな脳による制御とロボットへの応用――
山脇兆史著／コーディネーター：巌佐 庸
目次：姿勢を保つ／他 184頁・本体1800円

⓮ **まちぶせるクモ**――網上の10秒間の攻防――
中田兼介著／コーディネーター：辻 和希
目次：まちぶせと網／仕掛ける／誘いこむ／止める／他・・・・・・154頁・本体1600円

⓯ **無線ネットワークシステムのしくみ**
――IoTを支える基盤技術――
塚本和也著／コーディネーター：尾家祐二
・・・・・・・・・・210頁・本体1800円

⓰ **ベクションとは何だ!?**
妹尾武治著／コーディネーター：鈴木宏昭
目次：ベクションと自己移動感覚／ベクションの位置づけ／他・・・128頁・本体1600円

⓱ **シュメール人の数学**
――粘土板に刻まれた古の数学を読む――
室井和男著／コーディネーター：中村 滋
・・・・・・・・・・136頁・本体1800円

● 主な続刊テーマ ●
生態学と化学物質とリスク評価／他
（続刊テーマは変更される場合がございます）

http://www.kyoritsu-pub.co.jp/ 　**共立出版**　（価格は変更される場合がございます）